PROVERB

民衆社

問題を読んであげるだけで面白さが2倍になる

ことわざあそび 学習資料集

近野 十志夫 著

この本の特長と活用の手引き
──言語活動の充実に向けて──

　子どもは、決して学習・勉強がきらいではありません。

　学習というものが、子どもにとって興味・関心のあるもので、楽しいものであればなおのことです。こうした子どもたちの興味を引き出す学習方法があれば、それはとても望ましいことです。

　子どもたちにとっての興味とは何でしょう。それは遊びです。遊びは、子どもたちの成長・発達に欠かすことのできない活動なのです。子どもたちは、派手で、スリリングなゲームに夢中です。これらは確かに、子どもをワクワクさせる面白い遊びではあります。推理、記憶力を働かせる側面もありますが、多くは、直感、瞬発力、手先の動きなど、感覚にまかせる要素が多く、本来の学習活動としての「考える」「発展的に考える」というような力に対してはおろそかになっていると思われます。

　遊んだり勉強したりする働きは大脳がつかさどっています。見る、聞く、手足を動かす、判断する、新しいことを考える、覚えるなどということは、大脳の別々の部分で行われます。ですから、瞬間的な判断ができるようになったり、手足を器用に動かせるようになったりすることと、「よく考える」「発展的に考える」などということとでは、脳の働く場所も違うのです。「考える」ためには「考える脳」を鍛えておく必要があるのです。

　ところが現実には、国語でいえば、漢字の丸覚えをするような学習方法になり、子どもたちの興味、関心を無視して行われがちです。確かに、短い期間に集中的に漢字を覚えるためには、書き取りや漢字テストのような反復練習を含んだ学習が必要なことはいうまでもありません。しかしこのような反復練習は勉強のための勉強になってしまい、子どもたちの関心を呼び起こすことができません。

　先に述べたように、子どもは遊びが大好きです。昔から伝わるしりとりとか、なぞなぞなどの遊びが、子どもたちの脳を発達させるためにどれだけ大きな役割を果たしてきたでしょう。パズルやまちがいさがし、迷路なども同様です。遊びを取り入れた学習は、長続きもしますし、知らず知らずのうちに理解度を深めてもいきます。こうした遊びは、脳の「新しいことを考え出す」、「関連して考える」という働きを習慣的に使い、鍛えていくのです。

小学校指導要領では、全学年にわたっての「目標及び内容」とされている「Ａ話すこと・聞くこと」、「Ｂ書くこと」、「Ｃ読むこと」の指導を通し、「伝統的な言語文化と国語の特質に関する事項」として、［第３学年及び第４学年］を中心にした目標として、「長い間使われてきたことわざや慣用句、故事成語などの意味を知り、使うこと」について指導することとされています。

　この本では、中学年から高学年を中心に、低学年でも理解の届く内容を織りまぜてのクイズやパズルのほか、子ども同士あるいは子どもと先生との掛け合いゲームをしたりと、遊びながら学習できるように編集してあります。

　現代の子どもたちには、読解力の不足や、知識や技術を活用する問題に課題があると指摘されています。すべての教科において言語活動を充実させ、思考力・判断力・表現力などを育成すること、つまり人間として生きる力を育てることに取り組む必要があると言われています。この本ではこうしたことをふまえ、机上の学習から少し離れて、慣用句、故事成語に特化してまとめました。ですから、指導要領で目標としている「言語感覚を養う」「我が国の言語文化を継承・発展させる態度を育てる」という点についても十分に活用できるでしょう。

　この本では、各章ごとに、「ことわざに慣れ親しむ」「ことわざの成り立ち」「ことわざの意味と構成」「ことわざの使い方から自在に使えるようになること」と、章を進むごとに習熟できるようになっています。同じ章を進むことによって、反復して確実に身につけ、章を変えることによって、ことわざを使えるようになっていけるように構成されています。どこからでも、子どもの興味・関心に合わせて使えます。遊び感覚で、学校でも、家庭でも、友達同士とでも、そして一人でも言語感覚を養うことのできる、勉強を遊びにした本です。

　この本の遊びがこれらの能力を育て、言葉の学習に興味を持てない子どもたちの興味と関心を呼び起こすことに、いくらかでも役に立つことができれば幸いです。

目　次

Ⅰ　おもしろ!ことわざ入門　　11

II　がっちり!!ことわざ探検隊　　69

Ⅲ　ばっちり!!!ことわざ熟達館　　141

お使いになる先生へ

　教材資料集は、自習や宿題の使用に耐えられることが求められてきました。しかし、これからの時代は教師が教えることにしっかり関わり、授業の工夫・改善を重ねることが望ましいとされています。

　この本では従来の自習・宿題用では実現できなかった、ことわざの語感が楽しめるパロディ問題や昔話問題を用意しました。

　教科学習で子どもたちの興味関心を引く、楽しく面白く学習する教材の開発は難しいところがありますが、ことわざは物事の例え話や訓話が多く、子どもたちも自分の体験と重ねられるため親しみやすいことでしょう。

①ことわざ学習の導入でこれだけ変わる！

②普段目立たない子どもも答えられる。一人一人と関わるチャンス！

③興味を持てば練習問題も積極的に！

④お楽しみ会や参観日に披露！

　子どもは覚えたことを誰かに聞いてもらいたいものです。習熟が進んだところで発表できる機会を設けてみてはどうでしょう。Ⅲ章の問題がおすすめです。これからの学習の励みにもなり、表現力や自己肯定感を育てていくことにもつながります。

各章の特色・・

I　おもしろ！ことわざ入門

　はじめてことわざに接する子どもたちへの導入問題です。勉強ぎらいな子どもでも進んで取り組む面白問題ばかりです。先生が楽しく出題すれば盛り上がること間違いなしです。

　　◆本物のことわざはどっち？　　　ことわざのパロディ問題です。
　　◆ことわざ昔話　　　　　　　　　親しみやすい昔話風の問題です。
　　◆ことわざかるた遊び　　　　　　絵札を読み取る選択問題です。
　　◆迷路をたどってことわざ完成　　子どもたちは迷路あそびが大好きです。

II　がっちり!!ことわざ探検隊

　ことわざの練習問題です。遊び感覚の作業を通して段階的にことわざの知識を深めていきます。習っていないことわざは、先生から教えてあげて下さい。一覧をコピーして子どもたちに配ることもできます。家庭学習としても使えます。

　　◆ことわざあなうめ遊び　　　　　絵を見て選択する問題です。
　　◆ことわざうそ発見遊び　　　　　まちがいを探し答えを選択する問題です。
　　◆ことわざ意味探検　　　　　　　読みと意味をつなげる問題です。
　　◆ことわざ似たもの探し　　　　　類義を探すチャレンジ問題です。
　　◆つないで完成　ことわざ体得修行　二分したことわざをつなぐ問題です。

III　ばっちり!!!ことわざ熟達館

　ことわざを覚えてないと答えられない問題ですが、努力して覚えたことわざを披露する機会にもなります。お楽しみ会や授業参観などで使ってみてはどうでしょう。子どもたちも誇らしい気持ちで答えてくれることでしょう。

　　◆ことわざ絵解きクイズ　　　　　絵を見てことわざを当てる問題です。
　　◆こんなときのことわざなあに？　文章と絵から答える問題です。
　　◆ことわざ暗唱遊び　　　　　　　ことわざの一部が空白の問題です。

　この本では子どもたちが書くことで躓くことがないように、ひらがな表記にしていることわざがあります。

　この本は、教室での活用を前提に著作者から許諾を得て刊行しています。学校の先生が指導にお使い頂く場合に限り複写やイラストの抜粋を許可しています。インターネット上の掲載や営利目的での複写は許可していません。

I

おもしろ！
ことわざ入門

本物のことわざはどっち？ ①

名まえ

　①と②は、あることわざを絵で表したものですが、一つはまちがいです。下の ことわざの由来と意味 を読んで正しいことわざを下の
　　　　 に書きましょう。

① 石の上で残念

② 石の上にも三年

ことわざの由来と意味

　冷たい石の上でも三年も座っていればあたたかくなる。ものごとはつらくても、しんぼうして根気よく続けることが大切だという意味。

●正しいことわざは

本物のことわざはどっち？②

名まえ

　①と②は、あることわざを絵で表したものですが、一つはまちがいです。下の ことわざの由来と意味 を読んで正しいことわざを下の ▢▢▢ に書きましょう。

① 急がば回れ

② 急ぐかば回れ

ことわざの由来と意味

　急ぐからといって慣れない近道をするよりも、遠回りでも安全な道を行くほうがかえって早く目的地に着くことになる。多少手間や時間がかかっても安全な方法を選んだほうがよいという意味。

●正しいことわざは

▢▢▢▢▢▢▢▢▢▢▢▢▢▢▢

本物のことわざはどっち？③

名まえ	

　①と②は、あることわざを絵で表したものですが、一つはまちがいです。下の ことわざの由来と意味 を読んで正しいことわざを下の □ に書きましょう。

① 縁の下の力持ち

② 縁の下のお金持ち

ことわざの由来と意味

　縁側の下で家を支えている柱の働きは気が付きにくい。人の知らないところで、人のために苦労や努力をしていること、また、そのような人の意味。

●正しいことわざは

14

本物のことわざはどっち？④

ことわざ

名まえ

　①と②は、あることわざを絵で表したものですが、一つはまちがいです。下の ことわざの由来と意味 を読んで正しいことわざを下の □ に書きましょう。

① 鬼にどろぼう

② 鬼に金棒

ことわざの由来と意味

　何も持たなくても強くてかなわない鬼に、鉄でできた大きな棒を持たせれば、なおいっそう強くなる。強い上にも、なおよい条件を手に入れて、強い者がますます強くなる意味。

●正しいことわざは

本物のことわざはどっち？⑤

名まえ

①と②は、あることわざを絵で表したものですが、一つはまちがいです。下の ことわざの由来と意味 を読んで正しいことわざを下の □□□□ に書きましょう。

① 知らぬが仏

② 知らぬがほっとけ

ことわざの由来と意味

　仏はなにごとがあっても無心で、心を動かさない。知れば怒ったり憎んだりすることも、知らなければ仏のように心を動かさないでいられるという意味。本人だけ知らずにいることをばかにするときにも使う。

●正しいことわざは

16

本物のことわざはどっち？⑥

名まえ

　①と②は、あることわざを絵で表したものですが、一つはまちがいです。下の ことわざの由来と意味 を読んで正しいことわざを下の □□□□ に書きましょう。

① スキーこそもっと上手
　になれ

② 好きこそものの上手なれ

ことわざの由来と意味

　だれでも、好きなことをするときは熱心になり、工夫したり研究したりして自然に上達するものだ。まずは好きになることが上達の第一条件で、いつの間にか上手になれるという意味。

● 正しいことわざは

本物のことわざはどっち？⑦

名まえ

①と②は、あることわざを絵で表したものですが、一つはまちがいです。下の**ことわざの由来と意味**を読んで正しいことわざを下の［　　］に書きましょう。

① たなからぼたもち

② たなから尻もち

ことわざの由来と意味

たなから落ちてきたぼたもちが、ちょうど開いていた口にうまく落ちておさまったことをいう。思いがけない幸運が舞いこんでくることのたとえ。

●正しいことわざは

本物のことわざはどっち？⑧

名まえ	

①と②は、あることわざを絵で表したものですが、一つはまちがいです。下の ことわざの由来と意味 を読んで正しいことわざを下の □ に書きましょう。

① 灯台下の暮らし

② 灯台下暗し

ことわざの由来と意味

灯台とは油の入った皿に芯を立てて火をともす照明器具で、周りを明るく照らすが、その台の下は皿の陰になっていて暗い。このように、身近なことにはかえって気づきにくいという意味。

●正しいことわざは

19

本物のことわざはどっち？ ⑨

名まえ

　①と②は、あることわざを絵で表したものですが、一つはまちがいです。下の ことわざの由来と意味 を読んで正しいことわざを下の □□□□ に書きましょう。

① 時計は金なり

金ピカッ

② 時は金なり

GAME

ことわざの由来と意味

　西洋のことわざ「Time is money.」から。時間は金銭と同じように貴重で大切なものである。だから時間をむだに使ってはいけないという戒め。（「戒め」は、前もって注意すること。）

●正しいことわざは

本物のことわざはどっち？ ⑩

名まえ	

①と②は、あることわざを絵で表したものですが、一つはまちがいです。下の ことわざの由来と意味 を読んで正しいことわざを下の □ に書きましょう。

① とらぬたぬきの皮算用（かわざんよう）

② とったたぬきを
かわいがる

ことわざの由来と意味（ゆらい）

　まだたぬきもとらえていないうちから、たぬきの毛皮を売ってもうける計算をすることからいう。まだ手に入るかどうかわからないのに計画だけ先に立てるという意味。

●正しいことわざは

21

本物のことわざはどっち？⑪

①と②は、あることわざを絵で表したものですが、一つはまちがいです。下の ことわざの由来と意味 を読んで正しいことわざを下の □ に書きましょう。

① 泣き虫のはち

② 泣きっ面にはち

ことわざの由来と意味

　泣いてむくんでいる顔をさらにはちが刺すということから、不運や不幸なことの上に、さらに不幸が重なることをいう。

●正しいことわざは

本物のことわざはどっち？ ⑫

名まえ

　①と②は、あることわざを絵で表したものですが、一つはまちがいです。下の ことわざの由来と意味 を読んで正しいことわざを下の

　　　　に書きましょう。

① 情けは人の為ならず

② 涙は人の為ならず

ことわざの由来と意味

　「情け」は親切の意味。「人の為ならず」は、「人のためである＋ということではない」。つまり、「人のためばかりではない」となり、親切はめぐりめぐって自分のためという意味。

● 正しいことわざは

本物のことわざはどっち？⑬

名まえ

　①と②は、あることわざを絵で表したものですが、一つはまちがいです。下の ことわざの由来と意味 を読んで正しいことわざを下の
□□□ に書きましょう。

① 二兎追う者は一兎をも得ず

逃げられた～!!

② 二度追うならばもう一度

もう一度!!

ハァ

ハァ

3回目

ことわざの由来と意味

　二ひきの兎を同時に捕まえようとしても、結局は一ぴきも捕まえられないという西洋のことわざ。欲ばるとどちらも失敗したり、中途半端に終わるものである。また、一つの物事に集中せずあちらこちらに気を取られることへの戒めの意味を込めて使うことも多い。

●正しいことわざは

本物のことわざはどっち？⑭

①と②は、あることわざを絵で表したものですが、一つはまちがいです。下の ことわざの由来と意味 を読んで正しいことわざを下の □ に書きましょう。

① 床に釘

② ぬかに釘

ことわざの由来と意味

　ぬかに釘を打ち込んでも、すぐに抜けて効き目がないことから転じて、さっぱり手ごたえがないことをいう。

●正しいことわざは

本物のことわざはどっち？ ⑮

名まえ

①と②は、あることわざを絵で表したものですが、一つはまちがいです。下の ことわざの由来と意味 を読んで正しいことわざを下の □ に書きましょう。

① のど元すっきり暑さを忘れる

スッキリ！

② のど元過ぎれば熱さを忘れる

もう熱くない？

ゴクン

ことわざの由来と意味

熱いものでも、のど元あたりを過ぎて飲み込んでしまったら、その熱さを忘れてしまうことから。

● 正しいことわざは

26

本物のことわざはどっち？⑯

名まえ	

①と②は、あることわざを絵で表したものですが、一つはまちがいです。下の ことわざの由来と意味 を読んで正しいことわざを下の □ に書きましょう。

① 仏の顔も三度

② 仏の顔にサンドイッチ

ことわざの由来と意味

慈悲深い仏様といえども、三度も顔をなで回されたら腹を立てるということから。

●正しいことわざは

本物のことわざはどっち？⑰

名まえ

①と②は、あることわざを絵で表したものですが、一つはまちがいです。下の ことわざの由来と意味 を読んで正しいことわざを下の □ に書きましょう。

① 負けたらかつ丼

も、もうこれ以上食べられません！！！

② 負けるが勝ち

じゃ、おまえが勝ちでいいよっ

よし！！

う、うん…ありがと…

ことわざの由来と意味

一見負けたように見えたとしても、あえて争うことを放棄していったん相手に勝ちを譲ることのほうが、結局は勝ちに結びつく例が多いことから生まれたことわざ。

●正しいことわざは

本物のことわざはどっち？⑱

名
ま
え

①と②は、あることわざを絵で表したものですが、一つはまちがいです。下の ことわざの由来と意味 を読んで正しいことわざを下の □□□□ に書きましょう。

① 善は急げ

ゴミ
ひろい

② 電話急げ

もし
もし
☆

ことわざの由来と意味

よいことは、迷わずにすぐ実行したほうがよい。このような思いは案外長続きせず迷っているうちに薄らいでしまうので、すぐ実行に移しなさいという意味。

●正しいことわざは

本物のことわざはどっち？ ⑲

ことわざ

名まえ

　①と②は、あることわざを絵で表したものですが、一つはまちがいです。下の ことわざの由来と意味 を読んで正しいことわざを下の □ に書きましょう。

① 便利な道は一本道

よしっ!!
一本道☆

② 千里の道も一歩から

千里先
第一歩

ことわざの由来と意味

　千里という遠い旅の道も、出発の第一歩があって始まる。どんな大きな仕事も手近なことの実行から始まり、完成につながるという意味。

●正しいことわざは

本物のことわざはどっち？⑳

名まえ	

　①と②は、あることわざを絵で表したものですが、一つはまちがいです。下の ことわざの由来と意味 を読んで正しいことわざを下の □□□ に書きましょう。

① 七転び八起き

② 生ゴリラハぴき

ことわざの由来と意味

　七回転んでも、八回起き上がれば元にもどることができる。何度失敗しても、くじけずにやり直すことが大切だという意味。

● 正しいことわざは

31

本物のことわざはどっち？ ㉑

名まえ	

①と②は、あることわざを絵で表したものですが、一つはまちがいです。下の ことわざの由来と意味 を読んで正しいことわざを下の □ に書きましょう。

① 二足あってもサンダル

② 二度あることは三度ある

気をつけなきゃ

ことわざの由来と意味

　同じようなことが二度も起きると、続いてもう一度起こると思ったほうがよい。ものごとは繰り返すから注意せよということ。

●正しいことわざは

32

本物のことわざはどっち？㉒

名まえ

名まえ	

　①と②は、あることわざを絵で表したものですが、一つはまちがいです。下の ことわざの由来と意味 を読んで正しいことわざを下の □ に書きましょう。

① 人だかり見て安売り探せ

② 人のふり見て我がふり直せ

ことわざの由来と意味

　「ふり」とは人の行いのことで、人の欠点などは、自分のことより他人のことのほうがよく目につく。他人の行いのよしあしを見て自分の行いをふり返り、欠点を改めろという教え。

●正しいことわざは

本物のことわざはどっち？㉓

　①と②は、あることわざを絵で表したものですが、一つはまちがいです。下の ことわざの由来と意味 を読んで正しいことわざを下の ▢ に書きましょう。

① 百聞は一見にしかず

② 作文は実験にしよう

ことわざの由来と意味

　中国の古い書物に「戦は、遠くで考えるより見てみなければわからない」とある言葉から。何人もの人から話を聞くより、自分の目で実際に見て確かめるほうが確実だということ。

●正しいことわざは

▢

34

本物のことわざはどっち？ ㉔

名まえ	

①と②は、あることわざを絵で表したものですが、一つはまちがいです。下の ことわざの由来と意味 を読んで正しいことわざを下の □ に書きましょう。

① どんぶりで食べ比べ

② どんぐりの背比べ

ことわざの由来と意味

　どんぐりといっても種類はあるが、比べてみても形や大きさにたいした違いがない。どれもこれも似たようなもので、特に優れたものがないという意味。

●正しいことわざは

本物のことわざはどっち？㉕

名まえ

　①と②は、あることわざを絵で表したものですが、一つはまちがいです。下の ことわざの由来と意味 を読んで正しいことわざを下の
□ に書きましょう。

① 猫に小判

② 猫にかばん

ことわざの由来と意味

　小判は昔の金貨。でも猫は大好きなかつお節が小判一枚でいくつも買えることなどわからない。価値のわからない者に、どんなに貴重なものを与えても意味がないこと。

●正しいことわざは

本物のことわざはどっち？ ㉖

名まえ	

①と②は、あることわざを絵で表したものですが、一つはまちがいです。下の ことわざの由来と意味 を読んで正しいことわざを下の ▢ に書きましょう。

① のみいるたかは爪でかく　　② 能あるたかは爪をかくす

ことわざの由来と意味

　有能なたかは、えものに気配をさとられないように普段は鋭い爪をかくしている。実力や才能のある者ほど日ごろはそれをかくし、むやみにそれをひけらかさないということ。

●正しいことわざは

ことわざ昔話①

名まえ

　ことわざには昔のお話から生まれたものがたくさんあります。次のお話から生まれたことわざの　　　にはどんな言葉が入るでしょう。下の　　　の中から選んで、ことわざを完成させましょう。

① 　山できれいなきじを見つけたのですが、逃げてしまいました。そのとき、草むらからしっぽの羽が見えてしまったので、きじはつかまってしまいました。

ことわざの意味 　悪事や欠点を見せずにいても、かくしきれないことがある。

|　　　　　　　| かくして |　　　　　　| かくさず |

② 　りょうしが山でえものを探していた。きじが気づいてかくれたのだが、うっかり「ケンケーン」と鳴いて見つかり、鉄ぽうでうたれてしまったとさ。

ことわざの意味 　よけいなことをいうと災いを招くことがある。

|　　　　　　| も　鳴かずば　うたれまい |

| りょうし　鳥　きじ　鉄ぽう　尻　頭 |

ことわざ昔話②

　ことわざには昔のお話から生まれたものがたくさんあります。次のお話から生まれたことわざの￼にはどんな言葉が入るでしょう。下の￼の中から選んで、ことわざを完成させましょう。

① 　刺されたらこわい、そう思っているところにあぶとはちが現れた。そこでいっぺんに退治しようとしたら、両方とも逃げられてしまったんだとさ。

ことわざの意味　あれもこれもと欲ばると、どちらも手に入らない。

		とらず

② 　海で魚つりをしていたけど、あまりよい魚がつれないので、えさを海老にしたよ。そうしたら、大きな鯛がつれたとさ。めでたし。めでたし。

ことわざの意味　わずかな元手や労力で大きな利益を得る。

	で		を　つる

人　鯛　はち　海老　あぶ　魚

ことわざ昔話③

名まえ

　ことわざには昔のお話から生まれたものがたくさんあります。次のお話から生まれたことわざの[　　　]にはどんな言葉が入るでしょう。下の[　　　]の中から選んで、ことわざを完成させましょう。

① 　この川には、泳ぎが得意だと自慢するかっぱがいた。でもあるとき、泳ごうとしたら急に大きな波が来て、その波にのまれてしまったんだとさ。

ことわざの意味　どんな名人でも時には失敗することがある。

[　　　　　　　]の[　　　　　　　]流れ

② 　りょうしが二ひきのうさぎを見つけた。欲ばって両方つかまえようとして追いかけまわしたら、二ひきとも逃げられてしまったんだとさ。

ことわざの意味　同時に二つのことをしようとすると、結局両方とも失敗する。

[　　　　　　]兎を　追う者は
＊「兎」は、うさぎ。

[　　　　　　]兎をも　得ず

一　二　波　川　ぴき　かっぱ

ことわざ昔話④

名まえ _____

　ことわざには昔のお話から生まれたものがたくさんあります。次のお話から生まれたことわざの□□□□にはどんな言葉が入るでしょう。下の□□□の中から選んで、ことわざを完成させましょう。

① 洗濯物を角に引っかけられた牛をおばあさんが追いかけていったら大きな寺（善光寺）に着いた。それがきっかけでお参りをするようになったとさ。

（ことわざの意味）　人にさそわれて知らないうちによいことが身につく。

　　□□□□　に　ひかれて　善光寺参り

② 昔、弘法というお坊さんがいて、筆で書く「書」の名人であった。しかし、あるとき、漢字をまちがえて書いてしまったのだそうな。

（ことわざの意味）　名人でも、時にはまさかという失敗をすることがある。

　弘法にも　□□□□　の　あやまり

坊主　寺　筆　書　牛　角

41

ことわざ昔話⑤

名まえ
```
                              
```

　ことわざには昔のお話から生まれたものがたくさんあります。次のお話から生まれたことわざの　　　　にはどんな言葉が入るでしょう。下の　　　　の中から選んで、ことわざを完成させましょう。

① 　とらの子分であるきつねは、いやがらせばかりする。たしかに森の動物たちは、きつねから逃（に）げまわる。でも、こわかったのは親分のとらだったのさ。

（ことわざの意味）　強い者の力にたよって、力のない者がいばること。

　　　　　　　　の　威を　借（か）る　　　　　　　

② 　昔、たぬきの毛皮はとても高いねだんで売られていた。だからりょうしは、つかまえる前から何びきつかまっていくらもうかると計算したのだそうじゃ。

（ことわざの意味）　まだ確（たし）かでないことをあてにして、あれこれ計画を立てる。

　とらぬ　　　　　　　　の　　　　　　　　　算用

```
森　とら　きつね　たぬき　皮　りょうし
```

42

ことわざ昔話⑥

名まえ	

　ことわざには昔のお話から生まれたものがたくさんあります。次のお話から生まれたことわざの□□□にはどんな言葉が入るでしょう。下の□□□の中から選んで、ことわざを完成させましょう。

㊟ 同じ言葉を使ってもかまいません。

① 　ミイラを見つける探検（たんけん）に出かけた者が、時間がたっても見つけられず、ついには自分がミイラになってしまい、帰ってこられなくなってしまったとさ。

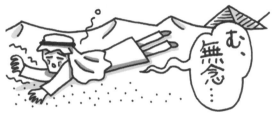

ことわざの意味 目的が達（たっ）せられず、逆（ぎゃく）の結果（けっか）になってしまう。

□□□□□ 取りが □□□□□ になる

② 　お寺の門の前に住んでいたら、子どもでも、毎日お坊（ぼう）さんの唱（とな）えるお経（きょう）を聞いているうち、いつの間にかお経（きょう）を唱（とな）えられるようになっちゃったんだって。

ことわざの意味 いつの間にか、見たり聞いたりしているうちに覚（おぼ）えてしまう。

門前（もんぜん）の □□□□□ 習わぬ □□□□□ を 読む

寺	経（きょう）	カルタ	坊主（ぼうず）	こぞう	ミイラ

43

ことわざ昔話⑦

名まえ

　ことわざには昔のお話から生まれたものがたくさんあります。次のお話から生まれたことわざの□にはどんな言葉が入るでしょう。下の□の中から選んで、ことわざを完成させましょう。

① 大切な刀を持っていたおさむらいさんが、刀の手入れもせず、使わないでいたら、いつの間にか刀がさびついて、使えなくなってしまったんだとさ。

[ことわざの意味] 自分がした行いやあやまちのために、自分が苦しむこと。

□ から　出た □

② 一ぴきの犬が町に出かけて、用はないけどうろうろしていたときのこと。じゃまだじゃまだと追いはらわれて、棒でたたかれてしまったんだとさ。

[ことわざの意味] たいした用もなく出歩くと、災難にあうこともある。

□ も　歩けば □ に　当たる

刀	犬	さむらい	身	棒	さび

ことわざ昔話⑧

名まえ

　ことわざには昔のお話から生まれたものがたくさんあります。次のお話から生まれたことわざの　　　　にはどんな言葉が入るでしょう。下の　　　　の中から選んで、ことわざを完成させましょう。

㊟ 同じ言葉を使ってもかまいません。

① 　雨がふると地面がぬかるむのでとても苦労（くろう）をしたが、何年もたったら土のゆるみがなくなり、しっかりとした土地になってお城（しろ）も建（た）ったとさ。

ことわざの意味　よくないと思えたことが、かえってよい結果（けっか）を生む。

	降って		固まる

② 　ぽたんぽたんと落ちる雨だれの下に石があった。雨の日だけのことだったけど、石は少しずつけずれ、いつの間にか穴（あな）があいてしまったそうだ。

ことわざの意味　小さな力でも根気強く続（つづ）ければ必（かなら）ず成功（せいこう）する。

	だれ		を　うがつ

川　雨　雪　土　地　石

ことわざ昔話⑨

名まえ

　ことわざには昔のお話から生まれたものがたくさんあります。次のお話から生まれたことわざの□□□□にはどんな言葉が入るでしょう。下の□□□の中から選んで、ことわざを完成させましょう。

① 　船に船頭さんが何人も乗り合わせ、みな勝手な命令を出したんだとさ。そしたら、海に向かっていた船が、山のほうに進んでいってしまったそうだ。

ことわざの意味 指図する人が多いと意見がまとまらずものごとがうまく運ばない。

船頭多くして 　□□□□ □□□□ に上る

② 　牛はのろのろ、馬はパカパカ。歩くテンポがちがうから、いっしょに歩きにくい。だから旅に出るときは、牛連れ同士、馬連れ同士になったんだとさ。

ことわざの意味 似たもの同士は集まりやすく、ものごともうまくいく。

□□□□ は 牛連れ 　　□□□□ は 馬連れ

船　川　山　客　馬　牛

ことわざ昔話⑩

名まえ	

　ことわざには昔のお話から生まれたものがたくさんあります。次のお話から生まれたことわざの□□□にはどんな言葉が入るでしょう。下の□□□の中から選んで、ことわざを完成させましょう。

① 　井戸の中で生まれ、田んぼや池、大きな海というものを知らずに育ったかえるがいたのさ。仲間とも、井戸の中の話しかできなかったそうだ。

ことわざの意味　自分の経験や知識にとられ、広い見識(けんしき)を持っていないこと。(「見識(けんしき)」は、物事を深く見通せるすぐれた判断力)

井の中の 　〔　　　　　〕　大海(たいかい)を　知らず

② 　洪水(こうずい)から守る大きな堤防(ていぼう)を作った後、ありの穴(あな)まで検査(けんさ)をしなかった。大雨のとき、その穴(あな)からひびわれ、ついに洪水(こうずい)が起こってしまった。

ことわざの意味　わずかな油断(ゆだん)や不注意から、思いがけない大事が起こる。

〔　　　　〕の　〔　　　　〕から　堤(つつみ)も　くずれる

なまず　あり　蛙(かわず)　川　石　穴(あな)

47

ことわざかるた遊び①

　ことわざは「いろはかるた」になったものもあります。では、次の絵札だったらどんなことわざでしょう。読み札のことわざと、ことわざの意味を、下から選んで□に記号を書きましょう。

ことわざ　意味

ことわざ　意味

ことわざ□　意味□

【読み札のことわざ】

㋐ 石の上にも三年

㋑ 犬も歩けば棒に当たる

㋒ 早起きは三文の得

㋓ 論より証拠

㋔ はきだめに鶴

㋕ きじも鳴かずばうたれまい

【意味】

① いろいろ議論するより、実物や結果を見たほうがはっきりする。

② たいした用もなく出歩くと、災難にあうこともある。

③ つまらないところにすぐれたものや人物が現れること。

ことわざかるた遊び②

名まえ

　ことわざは「いろはかるた」になったものもあります。では、次の絵札（えふだ）だったらどんなことわざでしょう。読み札（ふだ）のことわざと、ことわざの意味を、下から選んで□に記号を書きましょう。

ことわざ □　意味 □

ことわざ □　意味 □

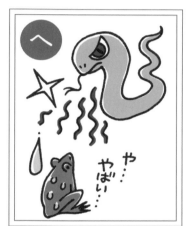

ことわざ □　意味 □

【読み札（ふだ）のことわざ】

㋐ 二度あることは三度ある

㋑ 仏（ほとけ）の顔も三度

㋒ 坊主（ぼうず）の不信心（ふしんじん）

㋓ へびににらまれたかえる

㋔ 二兎（にと）を追う者は一兎（いっと）をも得（え）ず

㋕ 下手（へた）の横好（よこず）き

【意味】

① おそろしさのために身がすくんで動けなくなること。

② 同時に二つのことをしようとすると、結局（けっきょく）両方とも失敗（しっぱい）する。

③ やさしい人でも何度もだまされたり乱暴（らんぼう）されたら怒（おこ）ること。

49

ことわざかるた遊び③

ことわざは「いろはかるた」になったものもあります。では、次の絵札（えふだ）だったらどんなことわざでしょう。読み札（ふだ）のことわざと、ことわざの意味を、下から選（えら）んで□に記号を書きましょう。

ことわざ □　意味 □

ことわざ □　意味 □

ことわざ □　意味 □

【読み札（ふだ）のことわざ】

⑦ 忠言（ちゅうげん）は耳に逆（さか）らう　　　　⑨ 良薬（りょうやく）は口に苦（にが）し

④ ちりも積（つ）もれば山となる　　　　⑦ 灯台（とうだい）下（もと）暗（くら）し

⑨ とらぬたぬきの皮算用（かわざんよう）　　　　⑦ 楽あれば苦あり

【意味】

① 身近なことは、かえって気づきにくい。

② 自分のためになる忠告（ちゅうこく）（薬）であっても、聞くのはつらい。

③ ごくわずかなことでも集まれば大きなものになる。

ことわざかるた遊び④

名まえ	

　ことわざは「いろはかるた」になったものもあります。では、次の絵札（えふだ）だったらどんなことわざでしょう。読み札（ふだ）のことわざと、ことわざの意味を、下から選んで□に記号を書きましょう。

ことわざ □　　意味 □

ことわざ □　　意味 □

ことわざ □　　意味 □

【読み札（ふだ）のことわざ】

ア　類（るい）は友（とも）を呼（よ）ぶ　　　　　エ　渡（わた）る世間（せけん）に鬼（おに）はなし

イ　笑（わら）う門（かど）には福来（ふくきた）る　　オ　のれんに腕押（うでお）し

ウ　濡（ぬ）れ手であわ　　　　　　　カ　ぬかに釘（くぎ）

【意味】

① 気の合った者たちは、いつの間（ま）にか仲間（なかま）になっている。

② 苦しいことがあっても、明るくふるまっていたほうが幸せになれる。

③ 意見をしても手応（てごた）えがなく、効（き）き目（め）もないこと。

ことわざかるた遊び⑤

　ことわざは「いろはかるた」になったものもあります。では、次の絵札だったらどんなことわざでしょう。読み札のことわざと、ことわざの意味を、下から選んで□に記号を書きましょう。

ことわざ □　　意味 □

ことわざ □　　意味 □

ことわざ □　　意味 □

【読み札のことわざ】

ア　かれ木も山のにぎわい

イ　かっぱの川流れ

ウ　大山鳴動してねずみ一匹

エ　旅の恥はかき捨て

オ　果報は寝て待て

カ　弱り目にたたり目

【意味】

① 事前に大騒ぎしたわりには、結果が小さなこと。

② どんな名人でも時には失敗することがある。

③ 困っているときに、不運や不幸が重なって起こること。

ことわざかるた遊び⑥

名まえ [　　　　　　　　　　　]

　ことわざは「いろはかるた」になったものもあります。では、次の絵札だったらどんなことわざでしょう。読み札のことわざと、ことわざの意味を、下から選んで□に記号を書きましょう。

ことわざ [　] 意味 [　]

ことわざ [　] 意味 [　]

ことわざ [　] 意味 [　]

【読み札のことわざ】

ア　泣きっ面にはち

イ　無理が通れば道理が引っ込む

ウ　念には念を入れよ

エ　長い物には巻かれよ

オ　情けは人の為ならず

カ　猫に小判

【意味】

① どんな貴重なものでも価値のわからない者にはむだである。

② 理屈の通らないことが通用すると、正当な意見も出にくくなる。

③ 困っているときに、不運や不幸が重なって起こること。

ことわざかるた遊び⑦

ことわざ

名まえ

　ことわざは「いろはかるた」になったものもあります。では、次の絵札だったらどんなことわざでしょう。読み札のことわざと、ことわざの意味を、下から選んで□に記号を書きましょう。

ことわざ □　意味 □

ことわざ □　意味 □

ことわざ □　意味 □

【読み札のことわざ】

[ア] 牛は牛連れ馬は馬連れ
[イ] 馬の耳に念仏
[ウ] 老いては子に従え
[エ] 能あるたかは爪をかくす
[オ] おぼれる者はわらをもつかむ
[カ] のれんに腕押し

【意味】

① 本当に才能のある人は、むやみに自分の力をじまんしない。
② 人の意見や忠告を聞き流すだけで、聞き入れようとしないこと。
③ 困っているときは、たよりにならないものにも助けを求める。

ことわざかるた遊び⑧

ことわざ

名まえ

ことわざは「いろはかるた」になったものもあります。では、次の絵札(えふだ)だったらどんなことわざでしょう。読み札(ふだ)のことわざと、ことわざの意味を、下から選(えら)んで□に記号を書きましょう。

ことわざ □　意味 □

ことわざ □　意味 □

ことわざ □　意味 □

【読み札(ふだ)のことわざ】

- [ア] 待てば海路(かいろ)の日和(ひより)あり
- [イ] 転ばぬ先のつえ
- [ウ] 口は災(わざわ)いのもと
- [エ] 弘法(こうぼう)にも筆のあやまり
- [オ] 負けるが勝ち
- [カ] 芸(げい)は身を助ける

【意味】

① 争(あらそ)いをしなくても自分に有利(ゆうり)な結果(けっか)がもたらされる。
② 失敗(しっぱい)しないように、前もって注意し準備(じゅんび)しておくこと。
③ うっかり話したことが元で、災(わざわ)いを招(まね)くことがある。

ことわざかるた遊び⑨

名
ま
え

　ことわざは「いろはかるた」になったものもあります。では、次の絵札だったらどんなことわざでしょう。読み札のことわざと、ことわざの意味を、下から選んで□に記号を書きましょう。

ことわざ □　　意味 □

ことわざ □　　意味 □

ことわざ □　　意味 □

【読み札のことわざ】

ア 悪事千里を走る

イ 海老で鯛をつる

ウ 猿も木から落ちる

エ 縁の下の力持ち

オ 三人寄れば文殊の知恵

カ 頭かくして尻かくさず

【意味】

① 自分が得意にしていることでも、時には失敗することがある。

② わずかな元手や労力で大きな利益を得る。

③ 悪事や欠点を見せずにいても、かくしきれないことがある。

ことわざかるた遊び⑩

名まえ	

　ことわざは「いろはかるた」になったものもあります。では、次の絵札（えふだ）だったらどんなことわざでしょう。読み札のことわざと、ことわざの意味を、下から選んで□に記号を書きましょう。

ことわざ　□　　意味　□

ことわざ　□　　意味　□

ことわざ　□　　意味　□

【読み札（ふだ）のことわざ】

- ㋐ 立つ鳥あとをにごさず
- ㋑ きじも鳴かずばうたれまい
- ㋒ 百聞（ひゃくぶん）は一見（いっけん）にしかず
- ㋓ 目の上のたんこぶ
- ㋔ すずめ百までおどり忘（わす）れず
- ㋕ 好きこそものの上手（じょうず）なれ

【意味】

① 目ざわりなもの、じゃまでしょうがないもの。
② 幼（おさな）いころに身につけた習慣（しゅうかん）はいくつになっても改（あらた）まらない。
③ よけいなことをいうと災（わざわ）いを招（まね）くことがある。

迷路をたどってことわざ完成①

名まえ [　　　　　　　　　　　　]

　□からうまく文字をたどることわざになります。できたことわざを（　）に書きましょう。知っている漢字は漢字で書きましょう。

①

が	ば
い	そ	ま
れ	わ

（　　　　　　　　　　　　　）

②

ん	だ	ゆ
た	い	
き	て	

（　　　　　　　　　　　　　）

③

	ぶ
に	た
し	ゅ
ん	じ

（　　　　　　　　　　　　　）

④

	ん	ぽ
つ	き	っ
	と	す

（　　　　　　　　　　　　　）

58

迷路をたどってことわざ完成②

名まえ	

6つの文字を 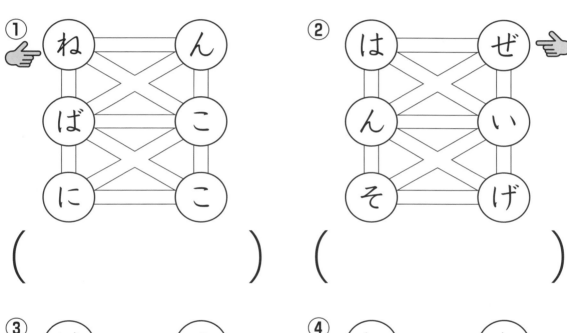 からたどるとことわざになります。できたことわざを（　）に書きましょう。知っている漢字は漢字で書きましょう。

①

（　　　　　　　　　　　　　　）　（　　　　　　　　　　　　　　）

②

③

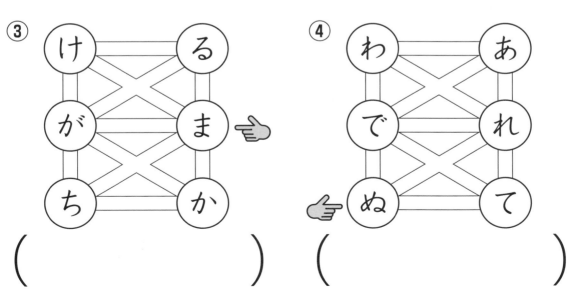

④

（　　　　　　　　　　　　　　）　（　　　　　　　　　　　　　　）

迷路をたどってことわざ完成③

名まえ

　9つの文字を👈からたどるとことわざになります。できたことわざを（　）に書きましょう。知っている漢字は漢字で書きましょう。

① 👈

と　だ　も
う　と　い
し　ら　く

（　　　　　　　　　　　　　　　）

② 👈

か　は　か
え　え　こ
る　る　の

（　　　　　　　　　　　　　　　）

60

迷路をたどってことわざ完成④

9つの文字をうまくたどることわざになります。できたことわざを（　）に書きましょう。知っている漢字は漢字で書きましょう。

①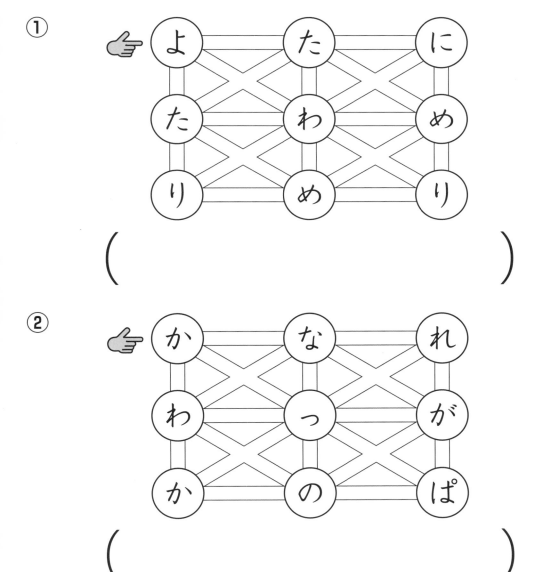

（　　　　　　　　　　　　　）

②

（　　　　　　　　　　　　　）

名
ま
え

　9つの文字を☞からたどるとことわざになります。できたことわざを（　）に書きましょう。知っている漢字は漢字で書きましょう。

①

め	の	ぶ
え	う	こ
の	た	ん

（　　　　　　　　　　）

②

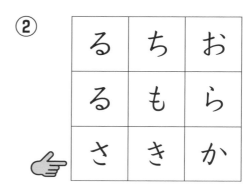

る	ち	お
る	も	ら
さ	き	か

（　　　　　　　　　　）

③

え	ろ	こ
つ	ば	ぬ
の	き	さ

（　　　　　　　　　　）

④

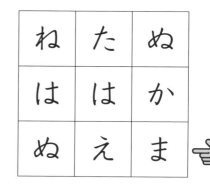

ね	た	ぬ
は	は	か
ぬ	え	ま

（　　　　　　　　　　）

迷路をたどってことわざ完成⑥

名まえ

☞から始めて、ことわざができるようにたどりましょう。ただし、ことわざに入っていない文字が1つだけ混じっています。あまった文字に〇をつけ、できたことわざを（ ）に書きましょう。知っている漢字は漢字で書きましょう。

①☞

た	ち	も
な	か	た
た	ら	ぼ

（　　　　　　　　　　）

②☞

え	び	ぬ
る	で	た
つ	を	い

（　　　　　　　　　　）

③☞

の	し	お
れ	き	で
ん	に	う

（　　　　　　　　　　）

★使わなかった文字を下の□に入れてみよう、何になるかな。

①	②	③

63

名まえ	

☞から始めて、ことわざができるようにたどりましょう。ただし、ことわざに入っていない文字が１つだけ混じっています。あまった文字に〇をつけ、できたことわざを（　）に書きましょう。知っている漢字は漢字で書きましょう。

①

ち	は	に
な	か	ら
き	っ	つ

☞

（　　　　　　　　　　）

②

え	な	き
こ	な	お
ろ	び	や

（　　　　　　　　　　）

③

ぶ	よ	る
も	を	る
と	は	い

（　　　　　　　　　　）

★使わなかった文字を下の□に入れてみよう、何になるかな。

①	②	③

迷路をたどってことわざ完成⑧

　１２の文字をうまくたどるとことわざになります。できたことわざを（　）に書きましょう。知っている漢字は漢字で書きましょう。

①

あ	ん	す	や
る	ず	し	が
よ	り	う	む

（　　　　　　　　　　）

②

い	た	た	い
し	を	わ	て
ば	し	た	る

（　　　　　　　　　　）

③

わ	に	は	ふ
ら	ど	る	く
う	か	た	き

（　　　　　　　　　　）

④

ち	り	も	れ
る	も	つ	ば
な	と	ま	や

（　　　　　　　　　　）

名まえ	

16の文字をうまくたどるとことわざになります。できたことわざを（　）に書きましょう。知っている漢字は漢字で書きましょう。

①

い	っ	し	い
ん	す	ま	た
の	に	も	の
む	し	ご	ぶ

（　　　　　　　　　　　　　　　　　　　　　）

②

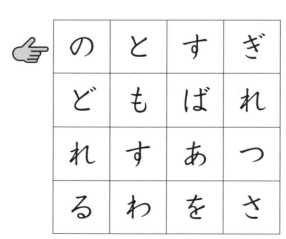

の	と	す	ぎ
ど	も	ば	れ
れ	す	あ	つ
る	わ	を	さ

（　　　　　　　　　　　　　　　　　　　　　）

迷路(めいろ)をたどってことわざ完成(かんせい)⑩

[ことわざ]

名まえ

[ア]と[イ]からスタートして文字をたどると、[ア]と[イ]２つのことわざになります。できたことわざを（　）に書きましょう。知っている漢字は漢字で書きましょう。

①　[ア]　[イ]

み	か	わ	よ
で	ら	り	め
た	さ	び	に
め	り	た	た

②　[ア]　[イ]

か	ほ	く	ら
は	う	あ	れ
ね	て	く	ば
て	ま	あ	り

①

[ア]（　　　　　　　　　　　　　　　　）

[イ]（　　　　　　　　　　　　　　　　）

②

[ア]（　　　　　　　　　　　　　　　　）

[イ]（　　　　　　　　　　　　　　　　）

ことわざ

名まえ	

　㋐と㋑からスタートして文字をたどると、㋐と㋑２つのことわざになります。できたことわざを（　）に書きましょう。知っている漢字は漢字で書きましょう。

① ㋐　　　　　　　　　　㋑

ぬ	か	な	そ
し	に	え	あ
な	く	ぎ	れ
い	れ	う	ば

② ㋐　　　　　　　　　　㋑

と	ら	れ	ぬ
い	の	て	で
を	か	る	あ
ね	つ	き	わ

① ㋐（　　　　　　　　　　　　　　　　　　　）

㋑（　　　　　　　　　　　　　　　　　　　）

② ㋐（　　　　　　　　　　　　　　　　　　　）

㋑（　　　　　　　　　　　　　　　　　　　）

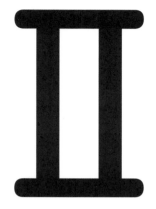

Ⅱ

がっちり!! ことわざ探検隊

ことわざあなうめ遊び① 動物

名まえ

　ことわざにはいろいろな動物や植物が登場します。では、次の①〜⑤のことわざに登場するのは何でしょう。□□□に入る言葉を下から選んで、□□に書きましょう。

① [　　　　] も歩けば棒に当たる

意味 たいした用もなく出歩くと、災難にあうこともある。

② [　　　　] に小判

意味 どんな貴重なものでも価値のわからない者にはむだである。

③ [　　　　] に引かれて善光寺参り

意味 人にさそわれて知らないうちによいことが身につく。

④ とらぬ [　　　　] の皮算用

意味 まだ確かでないことをあてにして、あれこれ計画を立てる。

⑤ [　　　　] も木から落ちる

意味 自分が得意にしていることでも、時には失敗することがある。

| たぬき | 牛 | 猿 | 猫 | 犬 |

ことわざあなうめ遊び② 動物

<table>
<tr><td>名
ま
え</td><td></td></tr>
</table>

　ことわざにはいろいろな動物や植物が登場します。では、次の①〜⑤
のことわざに登場するのは何でしょう。□□□に入る言葉を下から
選んで、□□に書きましょう。同じ言葉も使えます。

① とらの威を借る [　　　　　]

　意味 強い者の力にたよって、力のない者がいばること。

② [　　　　　] の耳に念仏

　意味 人の意見や忠告を聞き流すだけで、聞き入れようとしないこと。

③ [　　　　　] は牛連れ [　　　　　] は馬連れ

　意味 似たもの同士は集まりやすく、ものごともうまくいく。

④ [　　　　　] に真珠

　意味 どんな貴重なものでも価値のわからない者にはむだである。

⑤ 二 [　　　　　] を追う者は一 [　　　　　] をも得ず

　意味 同時に二つのことをしようとすると、結局両方とも失敗する。

と（うさぎ） 兎	きつね	牛	馬	ぶた

ことわざあなうめ遊び③ 動物

名まえ	

　ことわざにはいろいろな動物や植物が登場します。では、次の①〜⑤のことわざに登場するのは何でしょう。□□□に入る言葉を下から選んで、□□□に書きましょう。同じ言葉も使えます。

① 大山鳴動して □□□□□ 一匹

（意味）大騒ぎしたわりには、たいしたことではないこと。

② かえるの子は □□□□□

（意味）ふつうの親から生まれる子どもは、やはりふつうである。

③ □□□□□ ににらまれた □□□□□

（意味）おそろしさのために身がすくんで動けなくなること。

④ □□□□□ の甲より年の功　＊「甲」は、かめのこうら。

（意味）年月をかけて積んできた経験を持つ者の知恵は何よりも尊い。

⑤ 月と □□□□□

（意味）見かけが似ていても、二つのものの違いが大きすぎること。

かめ	ねずみ	かえる	へび	すっぽん

ことわざあなうめ遊び④ 動物

名まえ	

　ことわざにはいろいろな動物や植物が登場します。では、次の①〜⑤のことわざに登場するのは何でしょう。□□□に入る言葉を下から選んで、□□□に書きましょう。同じ言葉も使えます。

① 泣きっ面に ⬚⬚⬚

意味 困っているときに、不運や不幸が重なって起こること。

② ⬚⬚⬚ ⬚⬚⬚ とらず

意味 あれもこれもとよくばると、どちらも手に入らない。

③ ⬚⬚⬚ の穴から堤もくずれる

意味 わずかな油断や不注意から、思いがけない大事が起こる。

④ 一寸の ⬚⬚⬚ にも五分の魂

意味 どんなに弱いものにも意地があるから、軽く見てはいけない。

⑤ ⬚⬚⬚ で鯛をつる

意味 わずかな元手や労力で大きな利益を得る。

あり	虫	はち	海老	あぶ

73

ことわざあなうめ遊び⑤ 動物

　ことわざにはいろいろな動物や植物が登場します。では、次の①〜⑤
のことわざに登場するのは何でしょう。□□□□に入る言葉を下から
選んで、□□□に書きましょう。

① うの目 _____ の目

　意味 人が熱心にものを探し出そうとする様子。

② はきだめに _____

　意味 つまらないところにすぐれたものや人物が現れること。

③ _____ も鳴かずばうたれまい

　意味 よけいなことをいうと災いを招くことがある。

④ _____ 百までおどり忘れず

　意味 幼いころに身につけた習慣はいくつになっても改まらない。

⑤ _____ がたかを生む

　意味 ふつうの親から特にすぐれた子どもが生まれる。

すずめ	つる	とんび	たか	きじ

ことわざあなうめ遊び⑥ 植物

名まえ	

　ことわざにはいろいろな動物や植物が登場します。では、次の①～⑤のことわざに登場するのは何でしょう。 　　　 に入る言葉を下から選んで、　　　 に書きましょう。

① 　　　　　　　　　 のつるになすびはならぬ

意味 ふつうの親からは、似た子どもしか生まれない。

② まかぬ 　　　　　　　 は生えぬ

意味 何もしないでいるなら、よい結果（けっか）を得（え）ることもない。

③ 濡（ぬ）れ手で 　　　　　　　

意味 なんの苦労（く）もせずに大もうけをすること。

④ 　　　　　　　 の背比べ（せいくらべ）

意味 どれも同じくらいで、特（とく）にすぐれたものがないこと。

⑤ おぼれる者は 　　　　　　　 をもつかむ

意味 困（こま）っているときは、たよりにならないものにも助けを求（もと）める。

種（たね）	わら	どんぐり	うり	あわ

75

ことわざあなうめ遊び⑦ 自然

名まえ

ことわざにはいろいろな自然のものが登場します。では、次の①〜⑤のことわざに登場するのは何でしょう。□に入る言葉を下から選んで、□に書きましょう。

① 後は□となれ山となれ

[意味] 目先のことさえ解決すれば、後はどうなろうが知ったことではない。

② 雨降って□固まる

[意味] よくないと思えたことが、かえってよい結果を生む。

③ □晴れてかさを忘る

[意味] 目的を果たしてしまうと、その恩義を忘れてしまう。

④ □の上にも三年

[意味] 根気よく続ければ最後にはきっと報われる。

⑤ 船頭多くして船□に上る

[意味] 指図する人が多いと意見がまとまらずものごとがうまく運ばない。

山

石

地

野
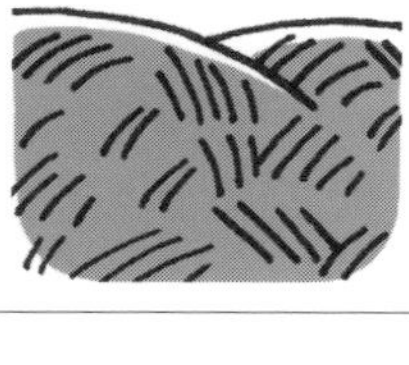

雨
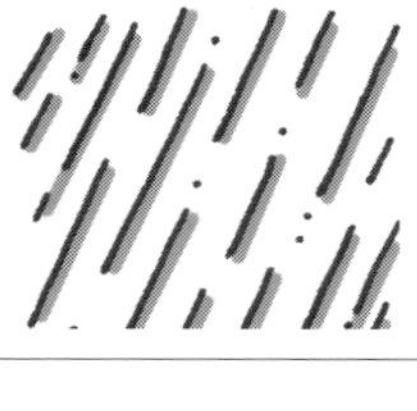

ことわざあなうめ遊び⑧ 自然

名まえ

　ことわざにはいろいろな自然のものが登場します。では、次の①～⑤のことわざに登場するのは何でしょう。　　　　に入る言葉を下から選んで、　　　　に書きましょう。

① ちりも積もれば　　　　　　　となる

意味 ごくわずかなことでも集まれば大きなものになる。

② 千里の　　　　　　　も一歩から

意味 大きな仕事や計画も手近なことを実行することから始まる。

③ 雨だれ　　　　　　　をもうがつ

意味 小さな力でも根気強く続ければ必ず成功する。

④ 　　　　　　　は熱いうちに打て

意味 人は、若いうちに学んだほうがよい。

⑤ 石が流れて　　　　　　　がしずむ

意味 世の中の当たり前のことが正しいすじみちと逆になる。

道　　　山　　　木の葉　　　石　　　鉄

ことわざあなうめ遊び⑨ 体

<table>
<tr><td>名まえ</td><td></td></tr>
</table>

　ことわざにはいろいろな体の部分が登場します。では、次の①〜⑤のことわざに登場するのは何でしょう。 ▢ に入る言葉を下から選んで、 ▢ に書きましょう。

① ▢ は災（わざわ）いのもと

　意味 うっかり話したことが元で、災（わざわ）いを招（まね）くことがある。

② ▢ の上のたんこぶ

　意味 目ざわりなもの、じゃまでしょうがないもの。

③ ▢ 元（もと）過（す）ぎれば熱（あつ）さを忘（わす）れる

　意味 つらかったことも過ぎてしまえば忘（わす）れてしまう。

④ 頭かくして ▢ かくさず

　意味 悪事や欠点（けってん）を見せずにいても、かくしきれないことがある。

⑤ 忠言（ちゅうげん）は ▢ に逆（さか）らう

　意味 真心をもった忠告（ちゅうこく）の言葉はなかなか聞き入れられない。

目　　耳　　口　　のど　　尻（しり）

ことわざあなうめ遊び⑩ 体

　ことわざにはいろいろな体の部分が登場します。では、次の①〜⑤の
ことわざに登場するのは何でしょう。[　　]に入る言葉を下から選
んで、[　　]に書きましょう。

① 人の [　　　　　] に戸は立てられぬ

（意味）人のおしゃべりやうわさ話は、防ぎようがない。

② [　　　　　] から出たさび

（意味）自分がした行いやあやまちのために自分が苦しむこと。

③ 仏の [　　　　　] も三度

（意味）やさしい人でも何度もだまされたり乱暴されたら怒ること。

④ のれんに [　　　　　] 押し

（意味）意見をしても手応えがなく、効き目もないこと。

⑤ 馬の [　　　　　] に念仏

（意味）人の意見や忠告を聞き流すだけで、聞き入れようとしないこと。

| 顔 | 耳 | 口 | 腕 | 身 |

ことわざあなうめ遊び⑪ 身近な物

名まえ _____

　ことわざにはいろいろな身近な物が登場します。では、次の①〜⑤の
ことわざに登場するのは何でしょう。 □□□ に入る言葉を下から選
んで、 □□□ に書きましょう。

① [　　　　　] にかすがい　＊「かすがい」は、材木をつなぐコの字型の金具。

意味 手応えがないことで、意見をしても効き目がないこと。

② 弘法にも [　　　　　] のあやまり　＊「弘法」は、書の名人。

意味 名人でも、時にはまさかという失敗をすることがある。

③ たなから [　　　　　]

意味 思いがけない幸運がやってくること。

④ 良 [　　　　　] は口に苦し

意味 自分のためになる忠告であっても、聞くのはつらい。

⑤ 猫に [　　　　　]

意味 まちがいが起こりやすく、油断ができない。

| ぼたもち | とうふ | かつお節 | 薬 | 筆 |

ことわざあなうめ遊び⑫ 身近な物

名まえ	

　ことわざにはいろいろな身近な物が登場します。では、次の①〜⑤のことわざに登場するのは何でしょう。☐に入る言葉を下から選んで、☐に書きましょう。

① ☐ の力持ち

意味 人の気づかないところで、苦労や努力をしていること。

② ☐ をたたいて渡る

意味 用心の上に用心を重ねてものごとを行う。

③ 転ばぬ先の ☐

意味 失敗しないように、前もって注意し準備しておくこと。

④ ぬかに ☐

意味 手応えがないことで、意見をしても効き目がないこと。

⑤ ☐ に短したすきに長し

意味 中途はんぱで役に立たないこと。

釘（くぎ）　つえ　帯（おび）　石橋　縁の下（えん）

ことわざあなうめ遊び⑬ 人

名まえ	

　ことわざには人や人にまつわることが登場します。では、次の①～⑤のことわざに登場するのは何でしょう。□□□に入る言葉を下から選んで、□□に書きましょう。同じ言葉も使えます。

① ☐☐☐☐ の心 ☐☐☐☐ 知らず

（意味）親が子どもを思う気持ちもわからず、子どもが勝手にふるまう。

② かわいい ☐☐☐☐ には旅をさせよ

（意味）ほんとうに子どもがかわいければ、苦労させたほうがよい。

③ 笑う門には ☐☐☐☐ 来る

（意味）苦しいことがあっても、明るくふるまっていたほうが幸せになる。

④ 人を見たら ☐☐☐☐ と思え

（意味）人をかんたんに信用せず、疑ってみたほうがよい。

⑤ 渡る世間に ☐☐☐☐ はなし

（意味）冷たい人ばかりでなく、困ったときに助けてくれる人もいる。

どろぼう	鬼	福	子	親

82

ことわざあなうめ遊び⑭ 数字

名まえ [   ]

ことわざにはいろいろな数字も登場します。では、次の①～⑥の
ことわざに登場するのはどの数字でしょう。[   ]に入る数字を下
から選んで、[   ]に書きましょう。同じ数字も使えます。

① 石の上にも [   ] 年

意味 根気よく続ければ最後にはきっと報われる。

② [   ] 転び [   ] 起き

意味 失敗を重ねてもへこたれず、立ち上がってがんばること。

③ [   ] 度あることは [   ] 度ある

意味 ものごとは繰り返すから、悪いことには注意したほうがよい。

④ 早起きは [   ] 文の得

意味 人より時間を多く使えば、身につくことも多い。

⑤ 仏の顔も [   ] 度

意味 やさしい人でも何度もだまされたり乱暴されたら怒ること。

⑥ [   ] 人寄れば文殊の知恵

意味 ふつうの人でも三人集まればよい考えが浮かぶ。

一	二	三	四	五	六	七	八	九

ことわざあなうめ遊び⑮ 数字

名まえ

　ことわざにはいろいろな数字も登場します。では、次の①〜⑥のことわざに登場するのはどの数字でしょう。□に入る数字を下から選んで、□に書きましょう。同じ数字も使えます。

① [　　] 聞は [　　] 見にしかず

意味 何度も聞くより自分の目で実際に見たほうがずっとよくわかる。

② 人のうわさも [　　] 日

意味 人のうわさは長く続かず、しばらくすれば消えてしまう。

③ [　　] つ子の魂 [　　] まで

意味 幼いころ身についた性格は年をとっても変わらない。

④ [　　] を聞いて [　　] を知る

意味 ものごとの一部を聞いただけで全体を理解してしまう。

⑤ [　　] 人 [　　] 色

意味 人はみなそれぞれ、好ききらいや考え方がちがう。

⑥ [　　] 里の道も [　　] 歩から

意味 大きな仕事や計画も手近なことを実行することから始まる。

| 一 | 三 | 五 | 十 | 五十 | 七十五 | 百 | 千 |

ことわざうそ発見遊び①

<table>
<tr><td>名まえ</td><td></td></tr>
</table>

　次の①～⑤のことわざにはまちがいがあります。まちがっている部分を◯で囲みましょう。そして、下の▢▢▢の中から正しい言葉を選んで、▢▢に書きましょう。

① 急がば走れ

▢▢▢▢

意味 あせって事を進めると失敗しやすいから、あわてないほうがよい。

② 一を聞いて百を知る

▢▢▢▢

意味 ものごとの一部を聞いただけで全体を理解してしまう。

③ 犬も歩けば宝くじに当たる

▢▢▢▢

意味 たいした用もなく出歩くと、災難にあうこともある。

④ 猫の耳に念仏

▢▢▢▢

意味 人の意見や忠告を聞き流すだけで、聞き入れようとしないこと。

⑤ 木の下の力持ち

▢▢▢▢

意味 人の気づかないところで、人のために苦労や努力をしていること。

馬	棒	縁	十	回

85

ことわざうそ発見遊び②

<table>
<tr><td>名まえ</td><td></td></tr>
</table>

次の①〜⑤のことわざにはまちがいがあります。まちがっている部分を◯で囲みましょう。そして、下の□□□の中から正しい言葉を選んで、□に書きましょう。

① 海老でたこをつる

意味 わずかな元手や労力で大きな利益を得る。

② 思い立ったが失敗

意味 やろうと思うことがあったらすぐに実行するとよい。

③ めだかの川流れ

意味 どんな名人でも時には失敗することがある。

④ かえるの子はおたまじゃくし

意味 ふつうの親から生まれる子どもは、やはりふつうである。

⑤ 花見も山のにぎわい

意味 つまらないものでも、ないよりはあったほうがよい。

かれ木　鯛　かえる　かっぱ　吉日

86

ことわざうそ発見遊び③

名まえ

次の①〜⑤のことわざにはまちがいがあります。まちがっている部分を◯で囲みましょう。そして、下の◻◻◻の中から正しい言葉を選んで、◻◻◻に書きましょう。

① 夜明けは寝て待て

（意味）するべきことをしたら、あせらず結果を待てばよい。

② かわいい子には学問をさせよ

（意味）ほんとうに子どもがかわいければ、苦労させたほうがよい。

③ 口は言葉のもと

（意味）うっかり話したことが元で、災いを招くことがある。

④ 外科は身を助ける

（意味）なんでも身につけておけば、いざというとき役に立つ。

⑤ 転ばぬ先のくつ

（意味）失敗しないように、前もって注意し準備しておくこと。

| 旅 | 芸（げい） | つえ | 果報（かほう） | 災（わざわ）い |

ことわざうそ発見遊び④

こたえ

名まえ

　次の①～⑤のことわざにはまちがいがあります。まちがっている部分を◯で囲みましょう。そして、下の◯◯◯の中から正しい言葉を選んで、◯◯に書きましょう。

① ぶたも木から落ちる

意味 自分が得意にしていることでも、時には失敗することがある。

② 親しき仲にもけんかあり

意味 どんな親しい人でも、なれなれしくなりすぎるのはよくない。

③ 失敗は発明のもと

意味 失敗しても、反省することによって成功につながる。

④ 血に交われば赤くなる

意味 人は付き合う相手によって、善人にも悪人にもなる。

⑤ うさぎ百までおどり忘れず

意味 幼いころに身につけた習慣はいくつになっても改まらない。

朱	成功	猿	すずめ	礼儀

ことわざうそ発見遊び⑤

名まえ

　次の①〜⑤のことわざにはまちがいがあります。まちがっている部分を◯で囲みましょう。そして、下の　　　　の中から正しい言葉を選んで、　　　に書きましょう。

① 好きこそものの料理なれ

意味 好きなことは一生けんめいになれるから、上達もはやい。

② 先手は事を仕損じる

意味 あせって事を進めると失敗しやすいから、あわてないほうがよい。

③ 電話急げ

意味 よいと思ったことはためらわずにすぐ実行すべきだ。

④ 備えあればうれしいな

意味 ふだんから準備しておけば、何が起こっても心配ない。

⑤ たなからごきぶり

意味 思いがけない幸運がやってくること。

| 善は | ぼたもち | 急いて | 憂いなし | 上手 |

89

ことわざうそ発見遊び⑥

名
ま
え

　次の①〜⑤のことわざにはまちがいがあります。まちがいが２つある問題も１問あります。まちがっている部分を◯で囲みましょう。そして、下の□□□の中から正しい言葉を選んで、□□に書きましょう。

① とんびにねずみをさらわれる

意味 だいじなものを、ふいに横取りされること。

② 学問は人の為ならず

意味 人に親切にすれば、いつか自分によいことがもどってくる。

③ 念には心を入れよ

意味 注意したうえにもなお注意してものごとをするほうがよい。

④ 夏過ぎれば熱さを忘れる

意味 つらかったことも過ぎてしまえば忘れてしまう。

⑤ 人の服見てわが服直せ

意味 他人の行動を見て、よいところは見習い悪いところは改めよということこと。

念	ふり	情け	あぶらあげ	のど元

90

ことわざうそ発見遊び⑦

[ことわざ]

名まえ

次の①〜⑤のことわざにはまちがいがあります。まちがいが２つある問題も１問あります。まちがっている部分を◯で囲みましょう。そして、下の□の中から正しい言葉を選んで、□に書きましょう。

① 下手の酒好き

[意味] 下手なくせに、その物事が好きで熱心なこと。

② 骨折り損の三文もうけ

[意味] 苦労して働いても、その成果や、よいことが起こらない。

③ 金あれば苦あり

[意味] 世の中はよいことばかり続かない。

④ 車が通れば道路が引っ込む

[意味] 理屈の通らないことが通用すると、正当な意見も出にくくなる。

⑤ もちは米屋

[意味] 専門家がいちばんくわしいのだから、任せたほうがよい。

楽	横	道理	無理	くたびれ	もち

ことわざうそ発見遊び⑧

<table>
<tr><td>名
ま
え</td><td></td></tr>
</table>

　次の①～⑤のことわざにはまちがいがあります。まちがいが２つある問題も１問あります。まちがっている部分を◯で囲みましょう。そして、下の◯◯の中から正しい言葉を選んで、◯◯に書きましょう。

① 時間大敵

意味 気がゆるんで安心しているときに、失敗が起こりやすい。

② 弱り目に長雨

意味 困っているときに、不運や不幸が重なって起こること。

③ 負けるが残念

意味 争いをしなくても自分に有利な結果がもたらされる。

④ 飯は苦の種苦は飯の種

意味 今楽をすれば後で苦労するが、今苦労すれば後で楽ができる。

⑤ 犬は友を呼ぶ

意味 気の合った者たちは、いつの間にか仲間になっている。

| 勝ち | 類（るい） | 油断（ゆだん） | 楽 | たたり目 |

92

ことわざうそ発見遊び⑨

名まえ
　

　次の①〜⑤のことわざには漢字のまちがいがあります。まちがっている漢字を◯で囲みましょう。そして、下の［　　］の中から正しい漢字を選んで、［　　］に正しい漢字を書きましょう。

① 岩の上にも三年
　
意味 根気よく続ければ最後にはきっと報われる。

② 一寸の中にも五分の魂
　
意味 どんなに弱いものにも意地があるから、軽く見てはいけない。

③ 午に引かれて善光寺参り
　
意味 人にさそわれて知らないうちによいことが身につく。

④ 新の心子知らず
　
意味 親が子どもを思う気持ちもわからず、子どもが勝手にふるまう。

⑤ 考いては子に従え
　
意味 年をとったら何事も子どものいうことを聞くのがよい。

| 親 | 牛 | 石 | 虫 | 老 |

93

ことわざうそ発見遊び⑩

名まえ

　次の①～⑤のことわざには漢字のまちがいがあります。まちがっている漢字を◯で囲みましょう。そして、下の□□□の中から正しい漢字を選んで、□□に正しい漢字を書きましょう。

① 立つ島あとをにごさず

【意味】立ち去る者はその後始末をしておかなければならない。

② 族の恥はかき捨て

【意味】ふだんなら恥ずかしくてできないようなことをやってしまうこと。

③ 銀は熱いうちに打て

【意味】人は、若いうちに学んだほうがよい。

④ 輪より証拠

【意味】いろいろ議論するより、実物や結果を見たほうがはっきりする。

⑤ 百間は一見にしかず

【意味】何度も聞くより自分の目で実際に見たほうがずっとよくわかる。

| 論 | 鉄 | 聞 | 鳥 | 旅 |

94

ことわざ意味探検① 本物探し

ことわざ

名まえ

①～④が表す意味のことわざは㋐～㋒のどれですか。正しいことわざを選んで□に記号を書きましょう。

① 人の気づかないところで、人のために苦労や努力をしていること。

㋐ かれ木も山のにぎわい
㋑ 縁の下の力持ち
㋒ 情けは人の為ならず

② 苦しいことがあっても、明るくふるまっていたほうが幸せになれる。

㋐ 早起きは三文の得
㋑ 雨降って地固まる
㋒ 笑う門には福来る

③ つまらないところにすぐれたものや人物が現れること。

㋐ はきだめに鶴
㋑ 月とすっぽん
㋒ のれんに腕押し

④ ほんとうに子どもがかわいければ、苦労させたほうがよい。

㋐ 親の心子知らず
㋑ かえるの子はかえる
㋒ かわいい子には旅をさせよ

ことわざ意味探検② 本物探し

①～④が表す意味のことわざは㋐～㋒のどれですか。正しいことわざを選んで□に記号を書きましょう。

① するべきことをしたら、あせらず結果を待てばよい。

㋐ 果報は寝て待て

㋑ 犬も歩けば棒に当たる

㋒ 急いてはことを仕損じる

② 恥ずかしくても、知らないままでいるより聞いたほうがよい。

㋐ 旅の恥はかき捨て

㋑ 馬の耳に念仏

㋒ 聞くは一時の恥聞かぬは一生の恥

③ ふだんから準備しておけば、何が起こっても心配ない。

㋐ 口は災いのもと

㋑ 備えあれば憂いなし

㋒ 長い物には巻かれよ

④ よけいなことをいうと災いを招くことがある。

㋐ きじも鳴かずばうたれまい

㋑ 人の口に戸は立てられぬ

㋒ まかぬ種は生えぬ

ことわざ意味探検③ 本物探し

名
まえ

①～④が表す意味のことわざは㋐～㋒のどれですか。正しいことわざを選んで□に記号を書きましょう。

① 人より時間を多く使えば、身につくことも多い。

- ㋐ 案ずるより産むが易し
- ㋑ 人のふり見てわがふり直せ
- ㋒ 早起きは三文の得

② 自分の経験や知識にとらわれ、広い見識を持っていないこと。

- ㋐ 井の中の蛙大海を知らず
- ㋑ ぶたに真珠
- ㋒ 無理が通れば道理が引っこむ

③ 今楽をすれば後で苦労するが、今苦労すれば後で楽ができる。

- ㋐ たなからぼたもち
- ㋑ 良薬は口に苦し
- ㋒ 楽は苦の種苦は楽の種

④ 前もって心配するより、実際にやってみると案外たやすい。

- ㋐ とらぬたぬきの皮算用
- ㋑ 案ずるより産むが易し
- ㋒ 百聞は一見にしかず

ことわざ意味探検④ 本物探し

名まえ ＿＿＿＿＿＿＿＿＿＿

①〜④が表す意味のことわざは㋐〜㋒のどれですか。正しいことわざを選んで □ に記号を書きましょう。

① 指図する人が多いと意見がまとまらずものごとがうまく運ばない。

□
　㋐ 灯台下暗し
　㋑ 船頭多くして船山に上る
　㋒ かっぱの川流れ

② ふつうの人でも三人集まればよい考えが浮かぶ。

□
　㋐ 二度あることは三度ある
　㋑ 三つ子の魂百まで
　㋒ 三人寄れば文殊の知恵

③ 人のおしゃべりやうわさ話は、防ぎようがない。

□
　㋐ 人の口に戸は立てられぬ
　㋑ 人のうわさも七十五日
　㋒ 石の上にも三年

④ 大きな仕事や計画も手近なことを実行することから始まる。

□
　㋐ 千里の道も一歩から
　㋑ 一を聞いて十を知る
　㋒ ありの穴から堤もくずれる

ことわざ意味探検⑤ 本物探し

名まえ

　①～④が表す意味のことわざは㋐～㋒のどれですか。正しいことわざを選んで□に記号を書きましょう。

① 人は付き合う相手によって善人にも悪人にもなる。

□

㋐ 朱に交われば赤くなる

㋑ 芸は身を助ける

㋒ 類は友を呼ぶ

② 同時に二つのことをしようとすると、結局両方とも失敗する。

□

㋐ うの目たかの目

㋑ へびににらまれたかえる

㋒ 二兎を追う者は一兎をも得ず

③ 似たもの同士は集まりやすく、ものごともうまくいく。

□

㋐ 十人十色

㋑ もちはもち屋

㋒ 牛は牛連れ馬は馬連れ

④ 幼いころに身につけた習慣はいくつになっても改まらない。

□

㋐ 老いては子に従え

㋑ すずめ百までおどり忘れず

㋒ かわいい子には旅をさせよ

ことわざ意味探検⑥ 本物探し

名まえ	

　①〜④が表す意味のことわざは㋐〜㋒のどれですか。正しいことわざを選んで□に記号を書きましょう。

① わずかな油断や不注意から、思いがけない大事が起こる。

□

　㋐ 後は野となれ山となれ

　㋑ とんびにあぶらあげをさらわれる

　㋒ ありの穴から堤もくずれる

② 好きなことは一生けんめいになれるから、上達もはやい。

□

　㋐ 好きこそものの上手なれ

　㋑ 失敗は成功のもと

　㋒ 鉄は熱いうちに打て

③ どんなに弱いものにも意地があるから、軽く見てはいけない。

□

　㋐ あぶはちとらず

　㋑ 一寸の虫にも五分の魂

　㋒ きじも鳴かずばうたれまい

④ 悪い行いはうわさになって、たちまちのうちに知れ渡る。

□

　㋐ 悪事千里を走る

　㋑ とらの威を借るきつね

　㋒ 千里の道も一歩から

ことわざ意味探検⑦ 本物探し

ことわざ

名まえ

①〜④が表す意味のことわざは㋐〜㋒のどれですか。正しいことわざを選んで□に記号を書きましょう。

① 芸ごとなど、上手になれないのだけれどとても熱心なこと。

□

㋐ 芸は身を助ける
㋑ 下手の横好き
㋒ 朱に交われば赤くなる

② 立ち去る者はその後始末をしておかなければならない。

□

㋐ 立つ鳥あとをにごさず
㋑ 備えあれば憂いなし
㋒ 身から出たさび

③ 見かけが似ていても、二つのものの違いが大きすぎること。

□

㋐ ミイラ取りがミイラになる
㋑ はきだめに鶴
㋒ 月とすっぽん

④ 世の中の当たり前のことが正しいすじみちと逆になる。

□

㋐ 雨だれ石をうがつ
㋑ 石が流れて木の葉が沈む
㋒ ちりも積もれば山となる

ことわざ意味探検⑧ 本物探し

名まえ

①～④が表す意味のことわざは㋐～㋒のどれですか。正しいことわざを選んで□に記号を書きましょう。

① 人は、若いうちに学んだほうがよい。

㋐ 門前のこぞう習わぬ経を読む

㋑ 鉄は熱いうちに打て

㋒ 好きこそ物の上手なれ

② 身近なことは、かえって気づきにくい。

㋐ 猿も木から落ちる

㋑ のど元過ぎれば熱さを忘れる

㋒ 灯台下暗し

③ 親が子どもを思う気持ちもわからず、子どもが勝手にふるまう。

㋐ 親の心子知らず

㋑ 親しき仲にも礼儀あり

㋒ 忠言は耳に逆らう

④ 強い者の力にたよって、力のない者がいばること。

㋐ とらの威を借るきつね

㋑ 一寸の虫にも五分の魂

㋒ かめの甲より年の功

ことわざ意味探検⑨ 本物探し

名まえ	

①～④が表す意味のことわざは㋐～㋒のどれですか。正しいことわざを選んで□に記号を書きましょう。

① ふつうの親から特にすぐれた子どもが生まれる。

□

㋐ かえるの子はかえる

㋑ 猫に小判

㋒ とんびがたかを生む

② 失敗を重ねてもへこたれず、立ち上がってがんばること。

□

㋐ 急がば回れ

㋑ 七転び八起き

㋒ かめの甲より年の功

③ ふつうの親からは、似た子どもしか生まれない。

□

㋐ はきだめに鶴

㋑ とんびがたかを生む

㋒ うりのつるになすびはならぬ

④ 権力を持った者には逆らわず従ったほうがよい。

□

㋐ 長い物には巻かれよ

㋑ 待てば海路の日和あり

㋒ 能あるたかは爪をかくす

ことわざ意味探検⑩ 本物探し

名まえ

①～④が表す意味のことわざは㋐～㋒のどれですか。正しいことわざを選んで□に記号を書きましょう。

① 悪事や欠点を見せずにいても、かくしきれないことがある。

□

㋐ 井の中の蛙大海を知らず
㋑ 頭かくして尻かくさず
㋒ 人を見たらどろぼうと思え

② 自分の行いを反省して欠点を改める。

□

㋐ 人のふり見てわがふり直せ
㋑ 仏の顔も三度
㋒ 立つ鳥あとをにごさず

③ 目ざわりなもの、じゃまでしょうがないもの。

□

㋐ うりのつるになすびはならぬ
㋑ ぬかに釘
㋒ 目の上のたんこぶ

④ 自分がした行いやあやまちのために、自分が苦しむこと。

□

㋐ ミイラ取りがミイラになる
㋑ 身から出たさび
㋒ 骨折り損のくたびれもうけ

ことわざ意味探検⑪ 線つなぎ

名まえ

①～⑤はことわざの意味です。㋐～㋔の中からそれぞれの意味を表すことわざを見つけて線でつなぎましょう。

① 思いがけない幸運がやってくること。 •

•㋐ 一を聞いて十を知る

② 見かけで判断せず、ささいなことにも用心しなければならない。 •

•㋑ たなからぼたもち

③ ふだんなら恥ずかしくてできないようなことをやってしまうこと。 •

•㋒ 十人十色

④ ものごとの一部を聞いただけで全体を理解してしまう。 •

•㋓ 浅い川も深く渡れ

⑤ 人はみなそれぞれ、好ききらいや考え方がちがう。 •

•㋔ 旅の恥はかき捨て

ことわざ意味探検⑫ 線つなぎ

名まえ

①〜⑤はことわざの意味です。⑦〜㋔の中からそれぞれの意味を表すことわざを見つけて線でつなぎましょう。

① 人にさそわれて、知らないうちによいことが身につく。 ・

・⑦ かれ木も山のにぎわい

② 困（こま）っているときは、たよりにならないものにも助けを求（もと）める。 ・

・㋑ 牛に引かれて善光寺参（ぜんこうじまい）り

③ だいじなものを、ふいに横取りされること。 ・

・㋒ おぼれる者はわらをもつかむ

④ つまらないものでも、ないよりはあったほうがよい。 ・

・㋓ 人を見たらどろぼうと思え

⑤ 人をかんたんに信用（しんよう）せず、疑（うたが）ってみたほうがよい。 ・

・㋔ とんびにあぶらあげをさらわれる

ことわざ意味探検(たんけん)⑬ 線つなぎ

ことわざ

名まえ

①〜⑤はことわざの意味です。㋐〜㋔の中からそれぞれの意味を表すことわざを見つけて線でつなぎましょう。

① わずかな元手や労力(ろうりょく)で大きな利益(りえき)を得(え)る。 •	• ㋐ 待てば海路(かいろ)の日和(ひより)あり
② うっかり話したことが元で、災(わざわ)いを招(まね)くことがある。 •	• ㋑ 芸(げい)は身を助ける
③ なんでも身につけておけば、いざというとき役に立つ。 •	• ㋒ 口は災(わざわ)いのもと
④ どんな親しい人でも、なれなれしくなりすぎるのはよくない。 •	• ㋓ 海老(えび)で鯛(たい)をつる
⑤ あせらずに待っていれば、そのうちきっとよいことがある。 •	• ㋔ 親しき仲(なか)にも礼儀(れいぎ)あり

ことわざ意味探検⑭ 線つなぎ

名まえ	

①〜⑤はことわざの意味です。㋐〜㋔の中からそれぞれの意味を表すことわざを見つけて線でつなぎましょう。

① 失敗しても、反省することによって成功につながる。 •

•㋐ 後は野となれ山となれ

② よくないと思えたことが、かえってよい結果を生む。 •

•㋑ 失敗は成功のもと

③ 争いをしなくても自分に有利な結果がもたらされる。 •

•㋒ 負けるが勝ち

④ やろうと思うことがあったらすぐに実行するとよい。 •

•㋓ 思い立ったが吉日

⑤ 自分がやったことが後になってどうなってもかまわない。 •

•㋔ 雨降って地固まる

ことわざ意味探検⑮ 線つなぎ

名まえ	

①〜⑤はことわざの意味です。㋐〜㋔の中からそれぞれの意味を表すことわざを見つけて線でつなぎましょう。

① 真心をもった忠告の言葉はなかなか聞き入れられない。

㋐ 帯に短し たすきに長し

② 冷たい人ばかりでなく、困ったときに助けてくれる人もいる。

㋑ とらぬたぬきの皮算用

③ 中途はんぱで役に立たないこと。

㋒ 渡る世間に鬼はなし

④ まだ確かでないことをあてにして、あれこれ計画を立てる。

㋓ 善は急げ

⑤ よいと思ったことはためらわずにすぐ実行すべきだ。

㋔ 忠言は耳に逆らう

ことわざ意味探検⑯ 線つなぎ

名まえ

①～⑤はことわざの意味です。㋐～㋔の中からそれぞれの意味を表すことわざを見つけて線でつなぎましょう。

①	気の合った者たちは、いつの間にか仲間になっている。	㋐	どんぐりの背比べ
②	気がゆるんで安心しているときに、失敗が起こりやすい。	㋑	類は友を呼ぶ
③	いつの間にか、見たり聞いたりしているうちに覚えてしまう。	㋒	油断大敵
④	どれも同じくらいで、特にすぐれたものがないこと。	㋓	もちはもち屋
⑤	専門家がいちばんくわしいのだから、任せたほうがよい。	㋔	門前のこぞう習わぬ経を読む

ことわざ意味探検(たんけん)⑰ 線つなぎ

名まえ

①〜⑤はことわざの意味です。㋐〜㋔の中からそれぞれの意味を表すことわざを見つけて線でつなぎましょう。

① 人から受ける注意を聞くのはつらいが、ためになる。 ●	● ㋐ 良薬(りょうやく)は口に苦(にが)し
② 年月をかけて積(つ)んできた経験(けいけん)を持つ者の知恵(ちえ)は何よりも尊(とうと)い。 ●	● ㋑ 情(なさ)けは人の為(ため)ならず
③ 人に親切にすれば、いつか自分によいことがもどってくる。 ●	● ㋒ 二度あることは三度ある
④ ものごとはくり返すから、悪いことには注意したほうがよい。 ●	● ㋓ あぶはちとらず
⑤ あれもこれもとよくばると、どちらも手に入らない。 ●	● ㋔ かめの甲(こう)より年の功(こう)

ことわざ意味探検⑱ 線つなぎ

[ことわざ]

名まえ

①～⑤はことわざの意味です。㋐～㋔の中からそれぞれの意味を表すことわざを見つけて線でつなぎましょう。

① 何の苦労もせずに大もうけをすること。 •	• ㋐ 百聞は一見にしかず
② 理屈の通らないことが通用すると、正当な意見も出にくくなる。 •	• ㋑ 能あるたかは爪をかくす
③ 本当に才能のある人は、むやみに自分の力をじまんしない。 •	• ㋒ 無理が通れば道理が引っ込む
④ 何度も聞くより自分の目で実際に見たほうがずっとよくわかる。 •	• ㋓ 楽あれば苦あり
⑤ 世の中はよいことばかり続かない。 •	• ㋔ 濡れ手であわ

ことわざ意味探検⑲ 線つなぎ

名まえ	

①～⑤はことわざの意味です。㋐～㋔の中からそれぞれの意味を表すことわざを見つけて線でつなぎましょう。

① 人のうわさは長く続かず、しばらくすれば消えてしまう。 •

• ㋐ へびににらまれたかえる

② おそろしさのために身がすくんで動けなくなること。 •

• ㋑ 骨折り損のくたびれもうけ

③ たいした用もなく出歩くと、災難にあうこともある。 •

• ㋒ 人のうわさも七十五日

④ やさしい人でも何度もだまされたり乱暴されたりすれば怒る。 •

• ㋓ 仏の顔も三度

⑤ 苦労して働いても、その成果や、よいことが起こらない。 •

• ㋔ 犬も歩けば棒に当たる

113

ことわざ意味探検⑳ 線つなぎ

名まえ ___

①〜⑤はことわざの意味です。㋐〜㋔の中からそれぞれの意味を表すことわざを見つけて線でつなぎましょう。

① 何もしないでいるなら、よい結果を得ることもない。 ・

② 人が熱心にものを探し出そうとする様子。 ・

③ 目的が達せられず、逆の結果になってしまう。 ・

④ 幼いころ身についた性格は年をとっても変わらない。 ・

⑤ いろいろ議論するより、実物や結果を見たほうがはっきりする。 ・

・㋐ うの目たかの目

・㋑ 三つ子の魂百まで

・㋒ 論より証拠

・㋓ まかぬ種は生えぬ

・㋔ ミイラ取りがミイラになる

114

ことわざ意味探検㉑ まちがい探し

名まえ

①〜④はことわざの表す意味です。㋐〜㋒の３つのことわざから、１つだけ意味のちがうものを見つけ、□に記号を書きましょう。

---

① 名人でも時には失敗する。

まちがいは □

㋐ 猿も木から落ちる
㋑ とんびがたかを生む
㋒ 弘法にも筆のあやまり

---

② 用心に用心を重ねよう
　ということ。

まちがいは □

㋐ 石橋をたたいて渡る
㋑ 念には念を入れよ
㋒ まかぬ種は生えぬ

---

③ 悪いことに悪いことが重な
　ること。

まちがいは □

㋐ 目の上のたんこぶ
㋑ 泣きっ面にはち
㋒ 弱り目にたたり目

---

④ 価値がわからないので
　役に立たない。

まちがいは □

㋐ 猫に小判
㋑ 月とすっぽん
㋒ ぶたに真珠

115

ことわざ意味探検㉒ まちがい探し

ことわざ

名まえ

①〜④はことわざの表す意味です。㋐〜㋒の３つのことわざから、１つだけ意味のちがうものを見つけ、□に記号を書きましょう。

① 手応えがないこと。

まちがいは □

㋐ おぼれる者はわらをもつかむ
㋑ のれんに腕押し
㋒ ぬかに釘

② 小さなことでも積み重ねれば大きな力になる。

まちがいは □

㋐ 雨だれ石をうがつ
㋑ ちりも積もれば山となる
㋒ 失敗は成功のもと

③ 人のことばかりして、自分のことにはかまわない。

まちがいは □

㋐ もちはもち屋
㋑ 紺屋の白ばかま
㋒ 医者の不養生

④ 急ぐときこそ慎重にすべきだ。

まちがいは □

㋐ 急いては事を仕損じる
㋑ 悪事千里を走る
㋒ 急がば回れ

ことわざ意味探検㉓ まちがい探し

ことわざ

名まえ

①～④はことわざの表す意味です。㋐～㋒の３つのことわざから、１つだけ意味のちがうものを見つけ、□に記号を書きましょう。

① 用心に用心を重ねよということ。

まちがいは □

㋐ 転ばぬ先のつえ
㋑ 医者の不養生
㋒ 備えあれば憂いなし

② 似たもの同士は集まりやすく、物事もうまくいく。

まちがいは □

㋐ 牛に引かれて善光寺参り
㋑ 牛は牛連れ、馬は馬連れ
㋒ 類は友を呼ぶ

③ 子は親に似るものだということ。

まちがいは □

㋐ かえるの子はかえる
㋑ うりのつるになすびはならぬ
㋒ とんびがたかを生む

④ よくばると、かえって損をする。

まちがいは □

㋐ とらぬたぬきの皮算用
㋑ 二兎を追う者は一兎をも得ず
㋒ あぶはちとらず

ことわざ意味探検㉔ まちがい探し

名まえ

①～④はことわざの表す意味です。㋐～㋒の3つのことわざから、1つだけ意味のちがうものを見つけ、□に記号を書きましょう。

① 待っていればよいことがある。

まちがいは □

㋐ 待てば海路の日和あり
㋑ 果報は寝て待て
㋒ 急いては事をしそんじる

② よけいなことをいうと災いを呼ぶことがある。

まちがいは □

㋐ 口は災いのもと
㋑ 弘法にも筆のあやまり
㋒ きじも鳴かずばうたれまい

③ 幼いころ身につけたことは、いつになっても変わらない。

まちがいは □

㋐ すずめ百までおどり忘れず
㋑ 三つ子の魂百まで
㋒ かえるの子はかえる

④ わずかな不注意から、思いがけない大事がおこる。

まちがいは □

㋐ とんびにあぶらあげをさらわれる
㋑ 油断大敵
㋒ ありの穴から堤もくずれる

118

ことわざ意味探検㉕ まちがい探し

名まえ _____

①～④はことわざの表す意味です。㋐～㋒の３つのことわざから、１つだけ意味のちがうものを見つけ、□に記号を書きましょう。

① 世の中は楽ばかりして過ごすことはできない。

まちがいは □

㋐ 楽あれば苦あり
㋑ 濡れ手であわ
㋒ 楽は苦の種、苦は楽の種

② 理屈の通らないことを言い張ると、正しいことが逆になる。

まちがいは □

㋐ 骨折り損のくたびれもうけ
㋑ 石が流れて木の葉がしずむ
㋒ 無理が通れば道理が引っ込む

③ かくしごとをしても、うわさになればすぐ知れ渡る。

まちがいは □

㋐ 人の口に戸は立てられぬ
㋑ 百聞は一見にしかず
㋒ 悪事千里を走る

④ ためになる忠告はなかなか聞き入れてもらえない。

まちがいは □

㋐ 忠言は耳に逆らう
㋑ 良薬は口に苦し
㋒ のど元過ぎれば熱さを忘れる

119

ことわざ似たもの探し①

名まえ

　①〜③のそれぞれのことわざの意味に最も近い意味のことわざを
ア〜ウの中から選んで、□に記号を書きましょう。

① ぶたに真珠

　㋐ 月とすっぽん
　㋑ 猫に小判
　㋒ はきだめに鶴

② 猿も木から落ちる

　㋐ かっぱの川流れ
　㋑ 犬も歩けば棒に当たる
　㋒ 海老で鯛をつる

③ のれんに腕押し

　㋐ 濡れ手であわ
　㋑ たなからぼたもち
　㋒ ぬかに釘

120

ことわざ似(に)たもの探(さが)し②

名まえ

①～③のそれぞれのことわざの意味に最(もっと)も近い意味のことわざを㋐～㋒の中から選(えら)んで、□に記号を書きましょう。

① 泣(な)きっ面(つら)にはち

□

㋐ あぶはちとらず
㋑ まかぬ種(たね)は生えぬ
㋒ 弱り目にたたり目

---

② 雨だれ石をうがつ

□

㋐ ちりも積(つ)もれば山となる
㋑ 月とすっぽん
㋒ 雨降(あめふ)って地固(じかた)まる

---

③ うりのつるになすびはならぬ

□

㋐ おぼれる者はわらをもつかむ
㋑ どんぐりの背比(せいくら)べ
㋒ かえるの子はかえる

ことわざ似たもの探し③

名まえ

①～④のそれぞれのことわざの意味に最も近い意味のことわざを㋐～㋒の中から選んで、□に記号を書きましょう。

① 念には念を入れよ

□

㋐ 石橋をたたいて渡る
㋑ 灯台下暗し
㋒ 長い物には巻かれよ

② 二兎を追う者は一兎をも得ず

□

㋐ 海老で鯛をつる
㋑ とらぬたぬきの皮算用
㋒ あぶはちとらず

③ 弘法にも筆のあやまり

□

㋐ 急がば回れ
㋑ 備えあれば憂いなし
㋒ 猿も木から落ちる

④ 三つ子の魂百まで

□

㋐ かえるの子はかえる
㋑ すずめ百までおどり忘れず
㋒ 十人十色

ことわざ似たもの探し④

名まえ	

　①～④のそれぞれのことわざの意味に最も近い意味のことわざを
㋐～㋒の中から選んで、□に記号を書きましょう。

① ふんだりけったり

㋐ 泣きっ面にはち
㋑ ミイラ取りがミイラになる
㋒ 骨折り損のくたびれも
　うけ

② とうふにかすがい

㋐ ぬかに釘
㋑ 失敗は成功のもと
㋒ 馬の耳に念仏

③ 石の上にも三年

㋐ 石橋をたたいて渡る
㋑ 善は急げ
㋒ 雨だれ石をうがつ

④ かっぱの川流れ

㋐ 下手の横好き
㋑ 弘法にも筆のあやまり
㋒ 二度あることは
　三度ある

ことわざ似たもの探し⑤

ことわざ

名まえ

①～④のそれぞれのことわざの意味に最も近い意味のことわざを[ア]～[ウ]の中から選んで、□に記号を書きましょう。

① ありの穴から堤もくずれる

[ア] 思い立ったが吉日
[イ] とうふにかすがい
[ウ] 油断大敵

② きじも鳴かずばうたれまい

[ア] 口は災いのもと
[イ] 楽あれば苦あり
[ウ] 泣きっ面にはち

③ 待てば海路の日和あり

[ア] 親しき仲にも礼儀あり
[イ] 果報は寝て待て
[ウ] 千里の道も一歩から

④ 牛は牛連れ馬は馬連れ

[ア] 牛に引かれて善光寺参り
[イ] 朱に交われば赤くなる
[ウ] 類は友を呼ぶ

ことわざ似(に)たもの探(さが)し⑥

名まえ

①～⑤のことわざに似(に)た意味のことわざが、㋐～㋔の中にあります。同じ意味になることわざを探(さが)して線でつなぎましょう。

①	かえるの子は かえる	㋐	石が流れて 木の葉がしずむ
②	口は災(わざわ)いのもと	㋑	牛(うし)は牛連(づ)れ 馬(うま)は馬連(づ)れ
③	転ばぬ先のつえ	㋒	きじも鳴かずば うたれまい
④	無理(むり)が通れば 道理が引っ込(こ)む	㋓	備(そな)えあれば 憂(うれ)いなし
⑤	類(るい)は友を呼(よ)ぶ	㋔	うりのつるに なすびはならぬ

ことわざ似たもの探し⑦

ことわざ

名まえ

①〜⑤のことわざに似た意味のことわざが、[ア]〜[オ]の中にあります。同じ意味になることわざを探して線でつなぎましょう。

① 弱り目にたたり目	[ア] 渡る世間に鬼はなし
② 果報は寝て待て	[イ] 待てば海路の日和あり
③ 悪事千里を走る	[ウ] 楽は苦の種 苦は楽の種
④ 楽あれば苦あり	[エ] ふんだりけったり
⑤ 捨てる神あれば拾う神あり	[オ] 人の口に戸は立てられぬ

名まえ

①〜⑤のことわざに似た意味のことわざが、㋐〜㋔の中にあります。同じ意味になることわざを探して線でつなぎましょう。

①
とうふに
かすがい
•

•㋐
とらぬたぬきの
皮算用

②
良薬は口に苦し
•

•㋑
のれんに腕押し

③
のど元過ぎれば
熱さを忘れる
•

•㋒
雨晴れて
かさを忘る

④
ちりも積もれば
山となる
•

•㋓
雨だれ
石をうがつ

⑤
絵に描いたもち
•

•㋔
忠言は
耳に逆らう

ことわざ似(に)たもの探(さが)し⑨

名まえ

①〜⑤のことわざに似(に)た意味のことわざが、㋐〜㋔の中にあります。同じ意味になることわざを探(さが)して線でつなぎましょう。

①	あぶはちとらず	㋐	月とすっぽん
②	油断大敵(ゆだんたいてき)	㋑	医者の不養生(ふようじょう)
③	紺屋(こうや)の白ばかま	㋒	二兎(にと)を追う者は一兎(いっと)をも得(え)ず
④	ちょうちんにつりがね	㋓	念(ねん)には念(ねん)を入れよ
⑤	浅(あさ)い川も深く渡(わた)れ	㋔	ありの穴(あな)から堤(つつみ)もくずれる

名まえ	

①～⑤は、それぞれのことわざの前半分です。そして、右側の㋐～㋔がことわざの後ろ半分です。正しいことわざにつながるように、•と•を線でつなぎましょう。

1

① 石の上にも　　　　•

② 三人寄れば　　　　•

③ 馬の耳に　　　　　•

④ かえるの子は　　　•

⑤ 泣きっ面に　　　　•

　　　　•㋐ かえる

　　　　•㋑ 三年

　　　　•㋒ 文殊の知恵

　　　　•㋓ はち

　　　　•㋔ 念仏

2

① 思い立ったが　　　•

② 骨折り損の　　　　•

③ どんぐりの　　　　•

④ 弱り目に　　　　　•

⑤ 下手の　　　　　　•

　　　　•㋐ たたり目

　　　　•㋑ 横好き

　　　　•㋒ 吉日

　　　　•㋓ 背比べ

　　　　•㋔ くたびれもうけ

つないで完成 ことわざ体得修行②

[ことわざ]

名まえ

①～⑤は、それぞれのことわざの前半分です。そして、右側の㋐～㋔がことわざの後ろ半分です。正しいことわざにつながるように、•と•を線でつなぎましょう。

1

① 人のうわさも •　　• ㋐ 川流れ

② 油断 •　　• ㋑ 三度

③ 仏の顔も •　　• ㋒ 大敵

④ 医者の •　　• ㋓ 七十五日

⑤ かっぱの •　　• ㋔ 不養生

2

① かれ木も •　　• ㋐ 年の功

② かめの甲より •　　• ㋑ さび

③ 口は •　　• ㋒ 災いのもと

④ 身から出た •　　• ㋓ すっぽん

⑤ 月と •　　• ㋔ 山のにぎわい

つないで完成 ことわざ体得修行③

名まえ	

①～⑤は、それぞれのことわざの前半分です。そして、右側の㋐～㋔がことわざの後ろ半分です。正しいことわざにつながるように、●と●を線でつなぎましょう。

1

① 転ばぬ先の　　　　●

② 七転び　　　　●

③ 縁の下の　　　　●

④ とらぬたぬきの　●

⑤ 坊主の　　　　●

●㋐ 皮算用

●㋑ つえ

●㋒ 不信心

●㋓ 力持ち

●㋔ 八起き

2

① たなから　　　　●

② ぬかに　　　　●

③ ぶたに　　　　●

④ はきだめに　　　●

⑤ 猫に　　　　●

●㋐ 釘

●㋑ 鶴

●㋒ ぼたもち

●㋓ 真珠

●㋔ 小判

つないで完成 ことわざ体得修行④

ことわざ

名まえ

①～⑤は、それぞれのことわざの前半分です。そして、右側の㋐～㋔がことわざの後ろ半分です。正しいことわざにつながるように、•と•を線でつなぎましょう。

1

① へびににらまれた•	•㋐ 証拠
② とらの威を借る •	•㋑ たんこぶ
③ 論より •	•㋒ たかの目
④ 目の上の •	•㋓ きつね
⑤ うの目 •	•㋔ かえる

2

① のれんに •	•㋐ あわ
② とうふに •	•㋑ 腕押し
③ 濡れ手で •	•㋒ かすがい
④ 失敗は •	•㋓ 聞かぬは一生の恥
⑤ 聞くは一時の恥 •	•㋔ 成功のもと

つないで完成 ことわざ体得修行⑤

名まえ	

　①〜⑤は、それぞれのことわざの前半分です。そして、右側の㋐〜㋔がことわざの後ろ半分です。正しいことわざにつながるように、•と•を線でつなぎましょう。

1

① 善は　　　　　　　　　　•　　　　　•㋐ 身を助ける

② 芸は　　　　　　　　　　•　　　　　•㋑ 友を呼ぶ

③ 類は　　　　　　　　　　•　　　　　•㋒ 口に苦し

④ 良薬は　　　　　　　　　•　　　　　•㋓ 生えぬ

⑤ まかぬ種は　　　　　　　•　　　　　•㋔ 急げ

2

① 情けは　　　　　　　　　•　　　　　•㋐ 念を入れよ

② 念には　　　　　　　　　•　　　　　•㋑ 人の為ならず

③ 百聞は　　　　　　　　　•　　　　　•㋒ 寝て待て

④ 果報は　　　　　　　　　•　　　　　•㋓ 耳に逆らう

⑤ 忠言は　　　　　　　　　•　　　　　•㋔ 一見にしかず

つないで完成 ことわざ体得修行⑥

名まえ

①〜⑤は、それぞれのことわざの前半分です。そして、右側の㋐〜㋔がことわざの後ろ半分です。正しいことわざにつながるように、•と•を線でつなぎましょう。

1

① 旅の恥は •	• ㋐ わらをもつかむ
② 二兎を追う者は •	• ㋑ 旅をさせよ
③ 能あるたかは •	• ㋒ 一兎をも得ず
④ おぼれる者は •	• ㋓ かきすて
⑤ かわいい子には •	• ㋔ 爪をかくす

2

① 弘法にも •	• ㋐ 木から落ちる
② 猿も •	• ㋑ ミイラになる
③ ミイラ取りが •	• ㋒ 鯛をつる
④ 海老で •	• ㋓ たかを生む
⑤ とんびが •	• ㋔ 筆のあやまり

つないで完成 ことわざ体得修行⑦

ことわざ

名まえ	

①～⑤は、それぞれのことわざの前半分です。そして、右側の㋐～㋔がことわざの後ろ半分です。正しいことわざにつながるように、•と•を線でつなぎましょう。

1

① 早起きは	•	•㋐ 福来る
② 鉄は	•	•㋑ 三文の得
③ 笑う門には	•	•㋒ おどり忘れず
④ すずめ百まで	•	•㋓ けったり
⑤ ふんだり	•	•㋔ 熱いうちに打て

2

① 悪事	•	•㋐ 百まで
② 親の心	•	•㋑ 千里を走る
③ 門前のこぞう	•	•㋒ わがふり直せ
④ 三つ子の魂	•	•㋓ 子知らず
⑤ 人のふり見て	•	•㋔ 習わぬ経を読む

つないで完成 ことわざ体得修行⑧

[ことわざ]

名まえ

①～⑤は、それぞれのことわざの前半分です。そして、右側の㋐～㋔がことわざの後ろ半分です。正しいことわざにつながるように、•と•を線でつなぎましょう。

1

① あぶはち	•	•㋐ 下暗し
② 立つ鳥	•	•㋑ とらず
③ 井の中の蛙	•	•㋒ 石をうがつ
④ 灯台	•	•㋓ あとをにごさず
⑤ 雨だれ	•	•㋔ 大海を知らず

2

① 船頭多くして	•	•㋐ 地固まる
② 後は野となれ	•	•㋑ 堤もくずれる
③ ありの穴から	•	•㋒ 船山に上る
④ 牛に引かれて	•	•㋓ 山となれ
⑤ 雨降って	•	•㋔ 善光寺参り

つないで完成(かんせい) ことわざ体得修行(たいとくしゅぎょう)⑨

[ことわざ]

名まえ

①〜⑤は、それぞれのことわざの前半分です。そして、右側(みぎがわ)の㋐〜㋔がことわざの後ろ半分です。正しいことわざにつながるように、•と•を線でつなぎましょう。

1

① 朱(しゅ)に交われば •	• ㋐ 憂(うれ)いなし
② ちりも積(つ)もれば •	• ㋑ 赤くなる
③ のど元過(す)ぎれば •	• ㋒ うたれまい
④ 備(そな)えあれば •	• ㋓ 熱(あつ)さを忘(わす)れる
⑤ きじも鳴かずば •	• ㋔ 山となる

2

① 千里(せんり)の道も •	• ㋐ たたいて渡(わた)る
② 急がば •	• ㋑ 一歩から
③ 石橋を •	• ㋒ 回れ
④ 待てば海路(かいろ)の •	• ㋓ 勝ち
⑤ 負けるが •	• ㋔ 日和(ひより)あり

つないで完成 ことわざ体得修行⑩

ことわざ

名まえ

①～⑤は、それぞれのことわざの前半分です。そして、右側の㋐～㋔がことわざの後ろ半分です。正しいことわざにつながるように、•と•を線でつなぎましょう。

1

① 犬も歩けば	•	• ㋐ 尻かくさず
② 人を見たら	•	• ㋑ 棒に当たる
③ 無理が通れば	•	• ㋒ どろぼうと思え
④ 一を聞いて	•	• ㋓ 道理が引っ込む
⑤ 頭かくして	•	• ㋔ 十を知る

2

① 人の口に	•	• ㋐ なすびはならぬ
② うりのつるに	•	• ㋑ 巻かれよ
③ 渡る世間に	•	• ㋒ 礼儀あり
④ 長い物には	•	• ㋓ 戸は立てられぬ
⑤ 親しき仲にも	•	• ㋔ 鬼はなし

つないで完成(かんせい) ことわざ体得修行(たいとくしゅぎょう)⑪

ことわざ

名まえ

①～⑤は、それぞれのことわざの前半分です。そして、右側(みぎがわ)の㋐～㋔がことわざの後ろ半分です。正しいことわざにつながるように、•と•を線でつなぎましょう。

1

① 老(お)いては	•	•	㋐ 苦あり
② 急(せ)いては	•	•	㋑ 子に従(したが)え
③ 人のふり見て	•	•	㋒ 事を仕損(しそん)じる
④ 二度あることは	•	•	㋓ わがふり直せ
⑤ 楽あれば	•	•	㋔ 三度ある

2

① 案(あん)ずるより	•	•	㋐ 深く渡(わた)れ
② 好(す)きこそものの	•	•	㋑ 産(う)むが易(やす)し
③ 浅(あさ)い川も	•	•	㋒ 白ばかま
④ もちは	•	•	㋓ 上手(じょうず)なれ
⑤ 紺屋(こうや)の	•	•	㋔ もち屋

Ⅲ

ばっちり!!!
ことわざ 熟達館

ことわざ絵解きクイズ①

名 ま え	

　①～④はことわざを絵で表してみたものです。①～④はどんなことわざを表しているか考え、□□□にことわざを書きましょう。

① 　②

① のことわざ

② のことわざ

③ 　④

③ のことわざ

④ のことわざ

142

ことわざ絵解きクイズ②

名まえ	

①～④はことわざを絵で表してみたものです。①～④はどんなことわざを表しているか考え、□□□にことわざを書きましょう。

①

②

① のことわざ

② のことわざ

③

④

③ のことわざ

④ のことわざ

ことわざ絵解きクイズ③

名まえ	

①～④はことわざを絵で表してみたものです。①～④はどんなことわざを表しているか考え、□□□にことわざを書きましょう。

① のことわざ

② のことわざ

③ のことわざ

④ のことわざ

144

ことわざ絵解きクイズ④

名まえ	

①～④はことわざを絵で表してみたものです。①～④はどんなことわざを表しているか考え、□□□□にことわざを書きましょう。

①

②

① のことわざ

② のことわざ

③

④

③ のことわざ

④ のことわざ

145

ことわざ絵解きクイズ⑤

名まえ	

　①〜④はことわざを絵で表してみたものです。①〜④はどんなことわざを表しているか考え、□□□□にことわざを書きましょう。

①　のことわざ

②　のことわざ

③　のことわざ

④　のことわざ

ことわざ絵解きクイズ⑥

名まえ

①～④はことわざを絵で表してみたものです。①～④はどんなことわざを表しているか考え、□□□□にことわざを書きましょう。

①

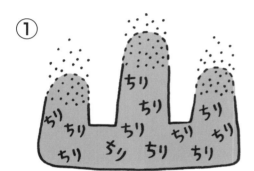

②

① のことわざ

② のことわざ

③

④

③ のことわざ

④ のことわざ

147

こんなときのことわざはなあに？ ①

名
まえ

　①〜④のようなことがありました。こんなときに使うことわざを
下の㋐〜㋓から選んで、□□□□に書きましょう。

① うちの子は父親に似てスポー
ツが得意じゃないんです。

② 急いでいたので裏道を通った
ら工事中だった。

③ 人からもらった宝くじで一万
円が当たった。

④ 遊んでばかりいたら成績が下
がった。

㋐ たなからぼたもち

㋑ 身から出たさび

㋒ 急がば回れ

㋓ かえるの子はかえる

148

こんなときのことわざはなあに？②

[ことわざ]

名まえ

①～④のようなことがありました。こんなときに使うことわざを下の㋐～㋓から選んで、□に書きましょう。

① オリンピック選手が転んで、小学生に負けた。

□

② 歌手になりたいと言って、サインの練習をしているよ。

□

③ この間宿題を忘れてしかられたのに、また忘れたよ。

□

④ お誕生会を終えたら、きちんと後かたづけして帰ろうね。

□

㋐ のど元過ぎれば熱さを忘れる

㋑ 立つ鳥あとをにごさず

㋒ 猿も木から落ちる

㋓ とらぬたぬきの皮算用

こんなときのことわざはなあに？③

①〜④のようなことがありました。こんなときに使うことわざを下の㋐〜㋑から選んで、◻に書きましょう。

① 山道で迷って困っていたところに、雨が降りだした。

◻

② お金を落として困っていたら、知らない人が貸してくれた。

◻

③ 初めてのスキー、すべれるか心配してたけど楽しかった。

◻

④ あの子、全国大会で優勝したのにだれにも言わないね。

◻

㋐ 案ずるより産むが易し

㋑ 泣きっ面にはち

㋒ 渡る世間に鬼はなし

㋓ 能あるたかは爪をかくす

150

こんなときのことわざはなあに？④

ことわざ

名まえ

①〜④のようなことがありました。こんなときに使うことわざを下の㋐〜㋓から選んで、□に書きましょう。

① カメラを買うために一円玉貯金を始めたよ。

□

② あの歌手、小さいころからのど自慢大会に出ていたんだね。

□

③ 警官がするどい目つきで、にげた犯人を探している。

□

④ 急に算数と理科の両方の点数を上げたいと言われても……。

□

㋐ うの目たかの目
㋑ 二兎を追う者は一兎をも得ず
㋒ ちりも積もれば山となる
㋓ 三つ子の魂百まで

こんなときのことわざはなあに？⑤

名まえ	

①～④のようなことがありました。こんなときに使うことわざを下の㋐～㋑から選んで、□ に書きましょう。

① みんなの実力が近く、チームの代表メンバーが決まらない。

② あの子、お父さんが社長だからっていばってる。

③ ちょっとお手伝いをしたらおやつがケーキになったよ。

④ このかばん、通勤には大きいけど旅行に行くには小さいね。

㋐ とらの威を借るきつね

㋑ どんぐりの背比べ

㋒ 帯に短したすきに長し

㋓ 海老で鯛をつる

152

こんなときのことわざはなあに？⑥

名まえ

①〜④のようなことがありました。こんなときに使うことわざを下の㋐〜㋓から選んで、□に書きましょう。

① おばあちゃんから聞いたお天気の言い伝え、よく当たるね。

② お医者さんが急に倒れて救急車で運ばれていったよ。

③ おなかが痛いので病院に行ったらお休みの日だった。

④ 音楽に縁のない家庭だったが、子どもが音楽会で優勝した。

㋐ 医者の不養生

㋑ 弱り目にたたり目

㋒ とんびがたかを生む

㋓ かめの甲より年の功

こんなときのことわざはなあに？⑦

ことわざ

名まえ

①～④のようなことがありました。こんなときに使うことわざを下の㋐～㋓から選んで、□に書きましょう。

① 友達にさそわれて絵画教室に行ってから絵が好きになった。

□

② 楽しくて毎日バレーの練習をしていたら上手になった。

□

③ オリンピックの選手になりたいなら先ずはランニングから。

□

④ 弱い者いじめした子に、いじめられた子が向かっていった。

□

㋐ 好きこそものの上手なれ

㋑ 千里も道も一歩から

㋒ 一寸の虫にも五分の魂

㋓ 牛に引かれて善光寺参り

ことわざ暗唱遊び①

名まえ

ことわざは、使われている言葉の一つ一つを覚えるだけでは使いこなせません。ことわざ全体を一つの言葉として覚えましょう。では、次のことわざを唱えながら、□に入る言葉を書きましょう。

① 石橋を □ 渡る

② おぼれる者は □ つかむ

③ □ 過ぎれば熱さを忘れる

④ 雨だれ □ うがつ

⑤ 案ずるより産むが □

⑥ 石の上にも □

⑦ 急がば □

⑧ 帯に短し □ 長し

⑨ 思い立ったが □

⑩ かわいい子には □

ことわざ暗唱(あんしょう)遊び②

名まえ

ことわざは、使われている言葉の一つ一つを覚(おぼ)えるだけでは使いこなせません。ことわざ全体を一つの言葉として覚(おぼ)えましょう。では、次のことわざを唱(とな)えながら、［　　］に入る言葉を書きましょう。

① かれ木も［　　　　　　　　］にぎわい

② 口は［　　　　　　　　］のもと

③ 転ばぬ［　　　　　　　　］つえ

④ 三人寄(よ)れば［　　　　　　　　］知恵(ちえ)

⑤ 朱(しゅ)に［　　　　　　　　］赤くなる

⑥ 好(す)きこそものの［　　　　　　　　］

⑦ 善(ぜん)は［　　　　　　　　］

⑧ 千里(せんり)の道も［　　　　　　　　］から

⑨ 船頭(せんどう)［　　　　　　　　］船(ふね)山に上る

⑩ 急(せ)いては［　　　　　　　　］仕損(しそん)じる

ことわざ暗唱遊び③

ことわざ

名まえ

ことわざは、使われている言葉の一つ一つを覚えるだけでは使いこなせません。ことわざ全体を一つの言葉として覚えましょう。では、次のことわざを唱えながら、[　　] に入る言葉を書きましょう。

① たなから [　　　　　　　　]

② ちりも [　　　　　　　　] 山となる

③ とうふに [　　　　　　　　]

④ 情けは [　　　　　　　　] 為ならず

⑤ 七転び [　　　　　　　　]

⑥ 油断 [　　　　　　　　]

⑦ 類は [　　　　　　　　] 呼ぶ

⑧ 濡れ手で [　　　　　　　　]

⑨ ぬかに [　　　　　　　　]

⑩ 念には [　　　　　　　　] 入れよ

ことわざ暗唱遊び④

ことわざ

名まえ

　ことわざは、使われている言葉の一つ一つを覚えるだけでは使いこなせません。ことわざ全体を一つの言葉として覚えましょう。では、次のことわざを唱えながら、［　　］に入る言葉を書きましょう。

① ［　　　　　　］腕押し

② 百聞は［　　　　　　］しかず

③ 人を見たら［　　　　　　］思え

④ 人の［　　　　　　］戸は立てられぬ

⑤ 人の［　　　　　　］七十五日

⑥ 下手の［　　　　　　］好き

⑦ まかぬ［　　　　　　］生えぬ

⑧ 身から出た［　　　　　　］

⑨ 三つ子の［　　　　　　］百まで

⑩ 良薬は口に［　　　　　　］

ことわざ暗唱遊び⑤

名まえ _____

　ことわざは、使われている言葉の一つ一つを覚えるだけでは使いこなせません。ことわざ全体を一つの言葉として覚えましょう。では、次のことわざを唱えながら、□□□に入る言葉を書きましょう。

① 渡る [　　　　　　　　] 鬼はなし

② 後は [　　　　　　　　] 山となれ

③ あぶ [　　　　　　　　] とらず

④ ありの穴から [　　　　　　　　] くずれる

⑤ 一寸の虫にも五分の [　　　　　　　　]

⑥ 犬も [　　　　　　　　] 棒に当たる

⑦ 井の中の蛙大海を [　　　　　　　　]

⑧ うりの [　　　　　　　　] なすびはならぬ

⑨ うの目 [　　　　　　　　]

⑩ 牛に [　　　　　　　　] 善光寺参り

ことわざ暗唱遊び⑥

ことわざ

名まえ

ことわざは、使われている言葉の一つ一つを覚えるだけでは使いこなせません。ことわざ全体を一つの言葉として覚えましょう。では、次のことわざを唱えながら、[ ]に入る言葉を書きましょう。

① 海老で[ ]つる

② 老いては子に[ ]

③ かっぱの[ ]

④ かえるの[ ]かえる

⑤ かめの甲より[ ]

⑥ きじも[ ]うたれまい

⑦ 弘法にも筆の[ ]

⑧ [ ]木から落ちる

⑨ すずめ百まで[ ]忘れず

⑩ 立つ鳥[ ]にごさず

ことわざ暗唱遊び⑦

名まえ _____

　ことわざは、使われている言葉の一つ一つを覚えるだけでは使いこなせません。ことわざ全体を一つの言葉として覚えましょう。では、次のことわざを唱えながら、□□□に入る言葉を書きましょう。

① 旅の　_____　かき捨て

② 月と　_____

③ とらぬ　_____　皮算用

④ とらの威を　_____　きつね

⑤ とんびがたかを　_____

⑥ _____　の背比べ

⑦ 長い　_____　巻かれよ

⑧ 泣きっ面に　_____

⑨ 二兎を　_____　一兎をも得ず

⑩ _____　小判

161

ことわざ暗唱遊び⑧

名
ま
え

　ことわざは、使われている言葉の一つ一つを覚えるだけでは使いこなせません。ことわざ全体を一つの言葉として覚えましょう。では、次のことわざを唱えながら、□□に入る言葉を書きましょう。

① 能あるたかは爪を

② はきだめに

③ ふんだり

④ ぶたに

⑤ 骨折り損のくたびれ

⑥ 頭かくして尻

⑦ 雨降って　　　　　　　　　固まる

⑧ 一を　　　　　　　　　十を知る

⑨ 馬の　　　　　　　　念仏

⑩ 縁の下の

162

ことわざ暗唱遊び⑨

[ことわざ]

名まえ

ことわざは、使われている言葉の一つ一つを覚えるだけでは使いこなせません。ことわざ全体を一つの言葉として覚えましょう。では、次のことわざを唱えながら、□に入る言葉を書きましょう。

① 親の □ 子知らず

② 聞くは □ 聞かぬは一生の恥

③ 芸は身を □

④ 親しき □ 礼儀あり

⑤ □ は成功のもと

⑥ 十人 □

⑦ 好きこそものの □

⑧ 鉄は □ うちに打て

⑨ 灯台下 □

⑩ □ あることは三度ある

ことわざ暗唱(あんしょう)遊び⑩

ことわざ

名まえ

ことわざは、使われている言葉の一つ一つを覚(おぼ)えるだけでは使いこなせません。ことわざ全体を一つの言葉として覚(おぼ)えましょう。では、次のことわざを唱(とな)えながら、□に入る言葉を書きましょう。

① 早起きは三文(さんもん)の □

② 人の □ わがふり直せ

③ へびに □ れたかえる

④ 仏(ほとけ)の □ 三度

⑤ 負ける □ 勝ち

⑥ □ 取りがミイラになる

⑦ 無理(むり)が通れば道理が □

⑧ 目の □ たんこぶ

⑨ 門前(もんぜん)のこぞう習わぬ □ 読む

⑩ 笑(わら)う □ 福来(ふくきた)る

ことわざ暗唱遊び⑪

名まえ＿＿＿＿＿＿＿＿

ことわざは、使われている言葉の一つ一つを覚えるだけでは使いこなせません。ことわざ全体を一つの言葉として覚えましょう。では、次のことわざを唱えながら、＿＿＿に入る言葉を書きましょう。

① 待てば海路の＿＿＿＿＿＿＿＿

② 果報は寝て＿＿＿＿＿＿＿＿

③ 浅い川も深く＿＿＿＿＿＿＿＿

④ 悪事千里を＿＿＿＿＿＿＿＿

⑤ ＿＿＿＿＿＿＿＿の不養生

⑥ ＿＿＿＿＿＿＿＿の不信心

⑦ 紺屋の＿＿＿＿＿＿＿＿ばかま

⑧ 忠言は耳に＿＿＿＿＿＿＿＿

⑨ ＿＿＿＿＿＿＿＿あれば憂いなし

⑩ 弱り目に＿＿＿＿＿＿＿＿

掲載ことわざ一覧の使い方

　この本を使った学習では、はじめは語感や視覚で親しみやすく、練習問題で意味や類義を学習することになります。

　子どもたちの学習意欲を萎えさせないために、掲載ことわざ一覧のコピーを配ることをお勧めします。子どもの手元に掲載一覧があれば、問題に躓いても自分で調べられ、ことわざの語句を見直したり、意味を読み返したり、曖昧なところを再確認する、などして積極的な学習が続けられます。

　また、ひらがなでしか書けなかった答えを漢字で書くようになるきっかけにもなります。

●表記について

　この本では出題の趣旨を生かすことを優先させました。明確な統一基準を設けると、ひらがなだけや習っていない漢字ばかりと極端になってしまうためです。
常用外漢字や４年生以上で習う漢字には全てルビを振りました。

掲載ことわざ一覧

あ

悪事千里を走る
意味 悪い行ないはうわさになって、たちまちのうちに知れ渡る。
つけたし説明 「里」は距離の単位。千里は4000キロ。遠くまで知れ渡るのたとえ。

浅い川も深く渡れ
意味 見かけで判断せず、ささいなことにも用心しなければならない。
つけたし説明 浅く見えても深いかもしれないことから。

頭かくして尻かくさず
意味 悪事や欠点を見せずにいても、かくしきれないことがある。
つけたし説明 一部だけをかくして、すべてをかくしたつもりでいる愚かさのたとえ。

後は野となれ山となれ
意味 目先のことさえ解決すれば、後はどうなろうが知ったことではない。
つけたし説明 いいかげんで投げやりな態度。

あぶはちとらず
意味 あれもこれもとよくばると、どちらも手に入らない。
つけたし説明 あぶとはちを同時に退治しようとしても、逃げられ結局上手くいかないことから。

雨だれ石をうがつ
意味 小さな力でも根気強く続ければ必ず成功する。
つけたし説明 「雨だれ」は、屋根の下から落ちる水てき。うがつは、ほる、穴をあけるの意味。

雨晴れてかさを忘る
意味 目的を果たしてしまうと、その恩義を忘れてしまう。
つけたし説明 雨がやむとかさを忘れてしまいがちなことから。

雨降って地固まる
意味 よくないと思えたことが、かえってよい結果を生む。
つけたし説明 雨が降ったあとは土地が固くしまり、よい状態になる意味から。

ありの穴から堤もくずれる
意味 わずかな油断や不注意から、思いがけない大事が起こる。
つけたし説明 「堤」は、水があふれないように、川や湖の岸に沿って土を高く盛り上げたもの。

案ずるより産むが易し

意味 前もって心配するより、実際にやってみると案外とたやすい。

つけたし説明 どうなるかわからないことを心配しても仕方ないときに使う。

い

石が流れて木の葉がしずむ

意味 世の中の当たり前のことが、正しいすじみちと逆になる。

つけたし説明 本来は軽い木の葉が流れ、重い石はしずむ。理不尽さをなげくときに使う。

石の上にも三年

意味 根気よく続ければ、最後にはきっと報われる。

つけたし説明 冷たい石の上にも長く座れば暖かくなることから。

石橋をたたいて渡る

意味 用心の上に用心を重ねて、ものごとを行う。

つけたし説明 強固な石の橋をたたいて安全を確かめて渡ることから。

医者の不養生

意味 人にはりっぱなことを教えながら、自分では実行が伴わないこと。

つけたし説明 患者に健康な生活の大切さを説くが、自分は不健康な医者のたとえ。

急がば回れ

意味 あせって事を進めると失敗しやすいから、あわてないほうがよい。

つけたし説明 急ぐときになれない近道を通ると道に迷うなどして、かえって遅くなることから。

一を聞いて十を知る

意味 ものごとの一部を聞いただけで、全体を理解してしまう。

つけたし説明 とても賢く理解力があることのたとえ。

一寸の中にも五分の魂

意味 どんなに弱いものにも意地があるから、軽く見てはいけない。

つけたし説明 「一寸」は約3センチ。「五分」はその半分の約1.5センチ。

犬も歩けば棒に当たる

意味 たいした用もなく出歩くと、災難にあうこともある。

つけたし説明 「棒に当たる」は、人に棒でたたかれるという意味。

井の中の蛙大海を知らず

意味 自分の経験や知識にとらわれ、広い見識を持っていないこと。

つけたし説明 「蛙」はかえる。井戸の中に住むかえるは、大きな海を知らないことから。

う

牛に引かれて善光寺参り
意味 人にさそわれて知らないうちによいことが身につく。
つけたし説明 ごうよくな老婆が、善光寺まで牛の角に引っかかった布を追いかける昔話から。

牛は牛連れ馬は馬連れ
意味 似たものどうしは集まりやすく、ものごともうまくいく。
つけたし説明 牛と馬では歩調が合わないが、牛同士または馬同士なら歩調が合うことから。

うの目たかの目
意味 人が熱心にものを探し出そうとする様子。
つけたし説明 うやたかが獲物をねらうときの鋭い目つきから。

馬の耳に念仏
意味 人の意見や忠告を聞き流すだけで、聞き入れようとしないこと。
つけたし説明 馬に念仏を聞かせても、ありがたみがわからないことから。

うりのつるになすびはならぬ
意味 ふつうの親からは、似た子どもしか生まれない。
つけたし説明 うりのつるにはうりしかならず、なすびの木にもなすびしかならないことから。

え

絵に描いたもち
意味 実際には何の役にも立たないことのたとえ。
つけたし説明 上手に描かれていても、絵に描かれたもちは見るだけで食べられないことから。

海老で鯛をつる
意味 わずかな元手や労力で大きな利益を得る。
つけたし説明 高価な鯛を、小さな海老をえさにして釣り上げることから。

縁の下の力持ち
意味 人の気づかないところで、人のために苦労や努力をしていること。
つけたし説明 「縁の下」は床下。縁側を下から支える柱のように、人知れず支えていること。

お

老いては子に従え
意味 年をとったら何事も子どものいうことを聞くのがよい。
つけたし説明 年をとれば息子や娘も立派な大人。老人は子どもに従えの意味ではない。

鬼に金棒

意味 強いものが何かを得て、さらに強くなることのたとえ。

つけたし説明 ただでさえ鬼は強いのに、金棒まで持たれたらとてもかなわないことから。

帯に短したすきに長し

意味 中途はんぱで役に立たないこと。

つけたし説明 はんぱな布は帯にするには短すぎ、たすきに使うには長すぎることから。

おぼれる者はわらをもつかむ

意味 困っているときは、たよりにならないものにも助けを求める。

つけたし説明 「わら」は、いねや麦を乾燥させたもの。

思い立ったが吉日

意味 やろうと思うことがあったら、すぐに実行するとよい。

つけたし説明 「吉日」は、縁起のいい日のこと。

親の心子知らず

意味 親が子どもを思う気持ちもわからず、子どもが勝手にふるまう。

つけたし説明 親子関係にだけでなく、目上と目下の関係にも使う。

か

かえるの子はかえる

意味 ふつうの親から生まれる子どもは、やはりふつうである。

つけたし説明 おたまじゃくしは親とは似ていないが、成長すれば同じかえるになることから。

かっぱの川流れ

意味 どんな名人でも時には失敗することがある。

つけたし説明 泳ぎの上手なかっぱでも、時には川に流されることから。

果報は寝て待て

意味 するべきことをしたら、あせらず結果を待てばよい。

つけたし説明 「果報」は、運にめぐまれて幸福なこと。

かめの甲より年の功

意味 年月をかけて積んできた経験を持つ者の知恵は何よりも尊い。

つけたし説明 「甲」は甲羅の意味。「功」はとても長い時間の意味。

かれ木も山のにぎわい

意味 つまらないものでも、ないよりはあったほうがよい。

つけたし説明 自分を謙遜するときに使う。

かわい子には旅をさせよ

意味 ほんとうに子どもがかわいければ、苦労させたほうがいい。

つけたし説明 昔は交通機関が発達していなかったので、旅は辛く厳しかった。

聞くは一時の恥聞かぬは一生の恥

意味 恥ずかしくても、一生知らないままでいるより聞いたほうがいい。

きじも鳴かずばうたれまい

意味 よけいなことをいうと、災いを招くことがある。

つけたし説明 きじは鳴かなければ居所を知られず、うたれることもなかったのにという意味。

口は災いのもと

意味 うっかり話したことが元で、災いを招くことがある。

つけたし説明 口は禍いの門ともいう。

芸は身を助ける

意味 なんでも身につけておけば、いざというとき役に立つ。

つけたし説明 落ちぶれた人が一芸に救われるという意味もある。

弘法にも筆のあやまり

意味 名人でも、時にはまさかという失敗をすることがある。

つけたし説明 「弘法」は、書の名人の弘法大師。

紺屋の白ばかま

意味 人のことばかりに忙しく、自分のことはしていないこと。

つけたし説明 他人の白いはかまを紺色に染める紺屋が、忙しくて染めていないはかまを着ることから。

転ばぬ先のつえ

意味 失敗しないように、前もって注意し準備しておくこと。

つけたし説明 「先」は、「前に」の意味。

さ

猿も木から落ちる
意味 自分が得意にしていることでも、時には失敗することがある。
つけたし説明 木登りの得意な猿でも、時には木から落ちるということから。

三人寄れば文殊の知恵
意味 ふつうの人でも三人集まればよい考えが浮かぶ。
つけたし説明 「文殊」は、知恵をつかさどる菩薩のこと。菩薩は仏教用語ですごい人。

し

親しき仲にも礼儀あり
意味 どんな親しい人でも、なれなれしくなりすぎるのはよくない。
つけたし説明 その人との関係を大切にしたければ、心配りは必要だ。

失敗は成功のもと
意味 失敗しても、反省することによって成功につながる。
つけたし説明 失敗しなければ気づけないことも多い。

十人十色
意味 人はみなそれぞれ、好ききらいや考え方がちがう。

朱に交われば赤くなる
意味 人は付き合う相手によって、善人にも悪人にもなる。
つけたし説明 「朱」は、黄色みのある赤色。

知らぬが仏
意味 悩みや不安も知らなければ、おだやかでいられるという意味。
つけたし説明 事情を知らずに平然としていることを、からかう意味としても使われる。

す

好きこそものの上手なれ
意味 好きなことは一生けんめいになれるから、上達もはやい。
つけたし説明 「なれ」は、なりの意味。

すずめ百までおどり忘れず
意味 幼いころに身につけた習慣はいくつになっても改まらない。
つけたし説明 すずめは死ぬまで踊るようにはねる習性を持ち続けることから。

捨てる神あれば拾う神あり

意味 不運なことや困ったことがあっても、悲観することはないというたとえ。

つけたし説明 世の中には、自分のことを見限る人もいれば、助けてくれる人もいる。

せ

急いては事を仕損じる

意味 あせって事を進めると失敗しやすいから、あわてないほうがよい。

つけたし説明 「急いて」は、急ぐ、早くしようとあせる、あわてるの意味。

船頭多くして船山に上る

意味 指図する人が多いと意見がまとまらずものごとがうまく運ばない。

つけたし説明 「船頭」は、和船の船長のこと。

善は急げ

意味 よいと思ったことはためらわずにすぐ実行すべきだ。

千里の道も一歩から

意味 大きな仕事や計画も手近なことを実行することから始まる。

つけたし説明 「里」は距離の単位。千里は4000キロ。

そ

備えあれば憂いなし

意味 ふだんから準備しておけば、何が起こっても心配ない。

つけたし説明 「憂い」は、現実になるとひどく悲しい思いをすることへの不安。

た

大山鳴動してねずみ一匹

意味 事前に大騒ぎしたわりには、結果が小さなこと。

つけたし説明 「大山鳴動」は、大きい山が音を響かせて揺れ動く様子。

立つ鳥あとをにごさず

意味 立ち去る者はその後始末をしておかなければならない。

つけたし説明 「立つ鳥」は、飛び上がって去る鳥の意味。

たなからぼたもち

意味 思いがけない幸運がやってくること。

つけたし説明 ぼたもちは、おはぎ。季節で呼び名が違った。

旅の恥はかき捨て

意味 ふだんなら恥ずかしくてできないようなことをやってしまうこと。

つけたし説明 「かき捨て」は、恥をかいても気にしないの意味。

ならわしや文化を知らずに、失敗した人をはげますときにも使う。

ち

忠言は耳に逆らう

意味 真心をもった忠告の言葉はなかなか聞き入れられない。

つけたし説明 「忠言」は、不正や欠点を改めるよう忠告すること。

ちょうちんにつりがね

意味 つり合いが取れていない、比較にならないことのたとえ。

つけたし説明 ちょうちんとつりがねは、形はよく似ているが、重さは比べ物にならないことから。

ちりも積もれば山となる

意味 ごくわずかなことでも集まれば大きなものになる。

つ

月とすっぽん

意味 見かけが似ていても、二つのものの違いが大きすぎること。

つけたし説明 月とすっぽんが似ているのは丸いことだけ。

て

鉄は熱いうちに打て

意味 人は、若いうちに学んだ方がよい。

つけたし説明 鉄は熱して形を変える。熱が冷めると固くなり変えられなくなることから。

と

灯台下暗し

意味 身近なことは、かえって気づきにくい。

つけたし説明 「灯台」は、照明具。油の入った皿に芯を浸して火をともす。海にある灯台とは

違う。

とうふにかすがい

意味 意見をしても手応えがなく、効き目もないこと。

つけたし説明 「かすがい」は、材木をつなぐコの字型の金具。

時は金なり
意味 時間は金銭と同じように貴重で大切なものである。
つけたし説明 だから時間をむだに使ってはいけないという戒め。

とらぬたぬきの皮算用
意味 まだ確かでないことをあてにして、あれこれ計画を立てる。
つけたし説明 「算用」は計算。つかまえてもいないたぬきの皮でいくらもうかるか計算すること。

とらの威を借るきつね
意味 強い者の力にたよって、力のない者がいばること。
つけたし説明 「威」は、人をおそれさせる強大な力。「借る」は、借りるの意味。

どんぐりの背比べ
意味 どれも同じくらいで、特にすぐれたものがないこと。
つけたし説明 どんぐりは形も大きさもほぼ一様で差がないところから。

とんびがたかを生む
意味 ふつうの親から特にすぐれた子どもが生まれる。
つけたし説明 とんびは、とびといってもよい。

とんびにあぶらあげをさらわれる
意味 だいじなものを、ふいに横取りされること。
つけたし説明 あぶらあげは、あぶらげともいう。

な

長い物には巻かれよ
意味 手に負えないときは、逆らわないほうが面倒が起きない。

泣きっ面にはち
意味 困っているときに、不運や不幸が重なって起こること。
つけたし説明 泣いて腫れている顔を、はちが刺してさらに腫れてしまうことから。

情けは人の為ならず
意味 人に親切にすれば、いつか自分にいいことがもどってくる。
つけたし説明 情けは人の為にならないは、間違い。

七転び八起き
意味 失敗を重ねてもへこたれず、立ち上がってがんばること。

に

二度あることは三度ある
意味 ものごとは繰り返すから、悪いことには注意したほうがよい。

二兎を追う者は一兎をも得ず
意味 同時に二つのことをしようとすると、結局両方とも失敗する。
つけたし説明 「兎」は、うさぎ。

ぬ

ぬかに釘
意味 意見をしても手応えがなく、効き目もないこと。
つけたし説明 「ぬか」は、お米を精米するときに出る外皮。飼料や漬物などに用いる粉末。

濡れ手であわ
意味 なんの苦労もせずに大もうけをすること。
つけたし説明 「あわ」は、いねのような実が実る作物。濡れた手で砂場に手をつっ込むと……。

ね

猫にかつお節
意味 まちがいが起こりやすく、油断ができない。

猫に小判
意味 どんな貴重なものでも価値のわからない者にはむだである。

念には念を入れよ
意味 注意したうえにもなお注意してものごとをするほうがよい。
つけたし説明 「念」は、気をつける・注意するの意味。

の

能あるたかは爪をかくす
意味 本当に才能のある人は、むやみに自分の力をじまんしない。
つけたし説明 狩りのうまいたかは、狩り以外では鋭い爪をかくしておく様子から。

のど元過ぎれば熱さを忘れる
意味 つらかったことも過ぎてしまえば忘れてしまう。

のれんに腕押し
意味 意見をしても手応えがなく、効き目もないこと。
つけたし説明 「のれん」は、店名などを書き店の出入り口にかけておく布。

は

はきだめに鶴
意味 つまらないところにすぐれたものや人物が現れること。
つけたし説明 「はきだめ」は、ごみ捨て場。

起きは三文の得
意味 人より時間を多く使えば、身につくことも多い。
つけたし説明 「三文」は、昔の一文銭三枚のこと。ごくわずかなという意味。

ひ

人のうわさも七十五日
意味 人のうわさは長く続かず、しばらくすれば消えてしまう。
つけたし説明 「七十五日」は、春夏秋冬の一季節の期間。

人の口に戸は立てられぬ
意味 人のおしゃべりやうわさ話は、防ぎようがない。
つけたし説明 「立て」は、閉めるの意味。

人のふり見てわがふり直せ
意味 他人の行動を見て、よいところは見習い悪いところは改めよということ。
つけたし説明 「ふり」は、見た目や態度や動作のこと。

人を見たらどろぼうと思え
意味 人をかんたんに信用せず、疑ってみたほうがよい。

百聞は一見にしかず
意味 何度も聞くより自分の目で実際に見たほうがずっとよくわかる。
つけたし説明 「しかず」は、及ばない、かなわないの意味。

ふ

ぶたに真珠
意味 どんな貴重なものでも価値のわからない者にはむだである。

ふんだりけったり
意味 重ね重ねひどい目にあうこと。
つけたし説明 ふまれた上にけられる。災難続きの様子。

へ

下手の横好き

意味 下手なくせに、その物事が好きで熱心なこと。

つけたし説明 「横好」きは、上手でもないのにむやみに好むこと。

へびににらまれたかえる

意味 おそろしさのために身がすくんで動けなくなること。

ほ

坊主の不信心

意味 人にはりっぱなことを教えながら自分では実行が伴わないこと。

つけたし説明 人に教えを説くお坊さんが、教えを信じていなかったことから。

仏の顔も三度

意味 やさしい人でも何度もだまされたり乱暴されたら怒ること。

骨折り損のくたびれもうけ

意味 苦労して働いても、その成果や、よいことが起こらない。

つけたし説明 「骨を折る」は、苦労するという意味。

ま

まかぬ種は生えぬ

意味 何もしないでいるなら、よい結果を得ることもない。

つけたし説明 種をまかなければ実ることがないことから。

負けるが勝ち

意味 争いをしなくても自分に有利な結果がもたらされる。

待てば海路の日和あり

意味 あせらずに待っていれば、そのうちきっといいことがある。

つけたし説明 海が荒れても、待てば出航できる日が必ず来ることから。日和は、天気。

み

ミイラ取りがミイラになる

意味 目的が達せられず、逆の結果になってしまう。

身から出たさび

意味 自分がした行いやあやまちのために、自分が苦しむこと。

つけたし説明 「身」は刀の刃の部分。刀の手入れを怠るとさびが出て刃をだめにすることから。

三つ子の魂百まで

意味 幼いころ身についた性格は、年をとっても変わらない。

つけたし説明 「三つ子」は、幼い子どもの意味。

無理が通れば道理が引っ込む

意味 理屈の通らないことが通用すると、正当な意見も出にくくなる。

目の上のたんこぶ

意味 目ざわりなもの、じゃまでしょうがないもの。

もちはもち屋

意味 専門家がいちばんくわしいのだから、任せたほうがよい。

つけたし説明 もちはもち屋のついたものが一番美味しいことから。

門前のこぞう習わぬ経を読む

意味 いつの間にか、見たり聞いたりしているうちに覚えてしまう。

つけたし説明 「門前のこぞう」は、寺の門の前に住む子ども。

油断大敵

意味 気がゆるんで安心しているときに、失敗が起こりやすい。

弱り目にたたり目

意味 困っているときに、不運や不幸が重なって起こること。

つけたし説明 「弱り目」は、弱っているとき。「たたり目」は神や仏が起こす災いにあうとき。

楽あれば苦あり

意味 世の中はよいことばかり続かない。

楽は苦の種苦は楽の種

意味 今楽をすれば後で苦労するが、今苦労すれば後で楽ができる。

り

良薬は口に苦し

意味 自分のためになる忠告（薬）であっても、聞くのはつらい。

る

類は友を呼ぶ

意味 気の合った者たちは、いつの間にか仲間になっている。

つけたし説明 「類」は、同じ種類のものという意味。

ろ

論より証拠

意味 いろいろ議論するより、実物や結果を見たほうがはっきりする。

わ

渡る世間に鬼はなし

意味 冷たい人ばかりでなく、困ったときに助けてくれる人もいる。

つけたし説明 「渡る」は、暮らしていくの意味。

笑う門には福来る

意味 苦しいことがあっても、明るくふるまっていたほうが幸せになれる。

つけたし説明 「門」は、家や家族の意味。

答　え

P12
石の上にも三年

P13
急がば回れ

P14
縁の下の力持ち

P15
鬼に金棒

P16
知らぬが仏

P17
好きこそものの上手なれ

P18
たなからぼたもち

P19
灯台下暗し

P20
時は金なり

P21
とらぬたぬきの皮算用

P22
泣きっ面にはち

P23
情けは人の為ならず

P24
二兎追う者は一兎をも得ず

P25
ぬかに釘

P26
のど元過ぎれば熱さを忘れる

P27
仏の顔も三度

P28
負けるが勝ち

P29
善は急げ

P30
千里の道も一歩から

P31
七転び八起き

P32
二度あることは三度ある

P33
人のふり見て我がふり直せ

P34
百聞は一見にしかず

P35
どんぐりの背比べ

P36
猫に小判

P37
能あるたかは爪をかくす

P38
①頭　尻　②きじ

P39
①あぶ　はち　②海老　鯛

P40
①かっぱ　川　②二　一

P41
①牛　②筆

P42
①とら　きつね　②たぬき　皮

P43
①ミイラ　ミイラ
②こぞう　経

P44
①身　さび　②犬　棒

P45
①雨　地　②雨　石

P46
①船　山　②牛　馬

P47
①蛙　②あり　穴

P48
い㋐②　ろ㋓①　は㋔③

P49
に㋒②　ほ㋑③　へ㋓①

P50
と㋔①　ち㋑③　り㋓②

182

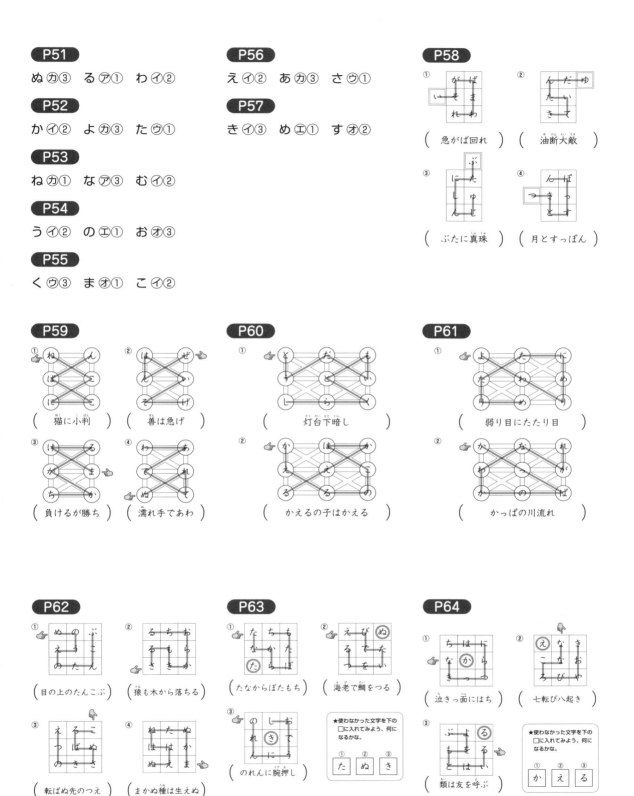

P51
ぬ カ③　る ア①　わ イ②

P52
か イ②　よ カ③　た ウ①

P53
ね カ①　な ア③　む イ②

P54
う イ②　の エ①　お オ③

P55
く ウ③　ま オ①　こ イ②

P56
え イ②　あ カ③　さ ウ①

P57
き イ③　め エ①　す オ②

P58
① （　急がば回れ　）
② （　油断大敵　）
③ （　ぶたに真珠　）
④ （　月とすっぽん　）

P59
① （　猫に小判　）
② （　善は急げ　）
③ （　負けるが勝ち　）
④ （　濡れ手であわ　）

P60
① （　灯台下暗し　）
② （　かえるの子はかえる　）

P61
① （　弱り目にたたり目　）
② （　かっぱの川流れ　）

P62
① （　目の上のたんこぶ　）
② （　猿も木から落ちる　）
③ （　転ばぬ先のつえ　）
④ （　まかぬ種は生えぬ　）

P63
① （　たなからぼたもち　）
② （　海老で鯛をつる　）
③ （　のれんに腕押し　）
★使わなかった文字を下の□に入れてみよう、何になるかな。
① た　② ぬ　③ き

P64
① （　泣きっ面にはち　）
② （　七転び八起き　）
③ （　類は友を呼ぶ　）
★使わなかった文字を下の□に入れてみよう、何になるかな。
① か　② え　③ る

P65

①

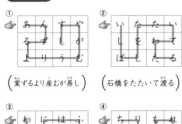

あ	ん	す	や
る	ず	し	が
よ	り	う	む

（案ずるより産むが易し）

②

い	た	た	い
し	を	わ	て
ば	し	た	る

（石橋をたたいて渡る）

③

わ	に	は	ふ
ら	ど	る	く
う	か	た	き

（笑う門には福来る）

④

ち	り	も	れ
る	も	つ	ば
な	と	ま	や

（ちりも積もれば山となる）

P66

①

い	っ	し	い
ん	す	ま	た
の	に	も	の
む	し	ご	ぶ

（一寸の中にも五分の魂）

②

の	と	す	ぎ
ど	も	ば	れ
れ	す	あ	つ
る	わ	を	さ

（のど元過ぎれば熱さを忘れる）

P67

① ㋐ ㋑

[み]	か	わ	[よ]
で	ら	り	め
た	さ	び	に
め	り	た	た

② ㋐ ㋑

[か]	ほ	く	[ら]
は	う	あ	れ
ね	て	く	ば
て	ま	あ	り

①
㋐（身から出たさび）
㋑（弱り目にたたり目）

②
㋐（果報は寝て待て）
㋑（楽あれば苦あり）

P68

① ㋐ ㋑

[ぬ]	か	な	[そ]
し	に	え	あ
な	く	ぎ	れ
い	れ	う	ば

② ㋐ ㋑

[と]	ら	れ	[ぬ]
い	の	て	で
を	か	る	あ
ね	つ	き	わ

①
㋐（ぬかに釘）
㋑（備えあれば憂いなし）

②
㋐（とらの威を借るきつね）
㋑（濡れ手であわ）

P70

① 犬 ② 猫 ③ 牛
④ たぬき ⑤ 猿

P71

① きつね ② 馬 ③ 牛 馬
④ ぶた ⑤ 兎 兎

P72

① ねずみ ② かえる
③ へび かえる
④ かめ ⑤ すっぽん

P73

① はち ② あぶ はち
③ あり ④ 虫 ⑤ 海老

P74

① たか ② つる ③ きじ
④ すずめ ⑤ とんび

P75

① うり ② 種
③ あわ ④ どんぐり
⑤ わら

P76

① 野 ② 地 ③ 雨
④ 石 ⑤ 山

P77

① 山 ② 道 ③ 石
④ 鉄 ⑤ 木の葉

P78

① 口 ② 目 ③ のど
④ 尻 ⑤ 耳

P79

① 口 ② 身 ③ 顔
④ 腕 ⑤ 耳

P80

① とうふ ② 筆 ③ ぼたもち
④ 薬 ⑤ かつお節

P81

① 縁の下 ② 石橋 ③ つえ
④ 釘 ⑤ 帯

P82

① 親 子 ② 子 ③ 福
④ どろぼう ⑤ 鬼

P83

① 三 ② 七 八 ③ 二 三
④ 三 ⑤ 三 ⑥ 三

P84

① 百 一 ② 七十五
③ 三 百 ④ 一 十
⑤ 十 十 ⑥ 千 一

① 走れ➡回れ

② 百➡十

③ 宝くじ➡棒

④ 猫➡馬

⑤ 木➡縁

① たこ➡鯛　② 失敗➡吉日

③ めだか➡かっぱ

④ おたまじゃくし➡かえる

⑤ 花見➡かれ木

① 夜明け➡果報

② 学問➡旅

③ 言葉➡災い

④ 外科➡芸

⑤ くつ➡つえ

① ぶた➡猿

② けんか➡礼儀

③ 発明➡成功

④ 血➡朱　⑤ うさぎ➡すずめ

① 料理➡上手

② 先手➡急いて

③ 電話➡善は

④ うれしいな➡憂いなし

⑤ ごきぶり➡ぼたもち

① ねずみ➡あぶらあげ

② 学問➡情け

③ 心➡念　④ 夏➡のど元

⑤ 服（2か所）➡ふり

① 酒➡横　② 三文➡くたびれ

③ 金➡楽

④ 車➡無理　道路➡道理

⑤ 米➡もち

① 時間➡油断

② 長雨➡たたり目

③ 残念➡勝ち

④ 飯（2か所）➡楽

⑤ 犬➡類

① 岩➡石　② 中➡虫

③ 午➡牛　④ 新➡親

⑤ 考➡老

① 島➡鳥　② 族➡旅

③ 銀➡鉄　④ 輪➡論

⑤ 間➡聞

①⟨イ⟩　②⟨ウ⟩　③⟨ア⟩　④⟨ウ⟩

①⟨ア⟩　②⟨ウ⟩　③⟨イ⟩　④⟨ア⟩

①⟨ウ⟩　②⟨ア⟩　③⟨ウ⟩　④⟨イ⟩

①⟨イ⟩　②⟨ウ⟩　③⟨ア⟩　④⟨ア⟩

①⟨ア⟩　②⟨ウ⟩　③⟨ウ⟩　④⟨イ⟩

①⟨ウ⟩　②⟨ア⟩　③⟨イ⟩　④⟨ア⟩

①⟨イ⟩　②⟨ア⟩　③⟨ウ⟩　④⟨イ⟩

①⟨イ⟩　②⟨ウ⟩　③⟨ア⟩　④⟨ア⟩

①⟨ウ⟩　②⟨イ⟩　③⟨ウ⟩　④⟨ア⟩

①⟨イ⟩　②⟨ア⟩　③⟨ウ⟩　④⟨イ⟩

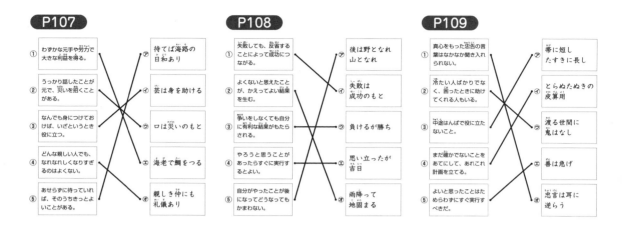

P107

① わずかな元手や労力で大きな利益を得る。
② うっかり話したことが元で、災いを招くことがある。
③ なんでも身につけておけば、いざというとき役に立つ。
④ どんな親しい人でも、なれなれしくなりすぎるのはよくない。
⑤ あせらずに待っていれば、そのうちきっとよいことがある。

㋐ 待てば海路の日和あり
㋑ 芸は身を助ける
㋒ 口は災いのもと
㋓ 海老で鯛をつる
㋔ 親しき仲にも礼儀あり

P108

① 失敗しても、反省することによって成功につながる。
② よくないと思えたことが、かえってよい結果を生む。
③ 争いをしなくても自分に有利な結果がもたらされる。
④ やろうと思うことがあったらすぐに実行するとよい。
⑤ 自分がやったことが後になってどうなってもかまわない。

㋐ 後は野となれ山となれ
㋑ 失敗は成功のもと
㋒ 負けるが勝ち
㋓ 思い立ったが吉日
㋔ 雨降って地固まる

P109

① 真心をもった忠告の言葉はなかなか聞き入れられない。
② 冷たい人ばかりでなく、困ったときに助けてくれる人もいる。
③ 中途はんぱで役に立たないこと。
④ まだ確かでないことをあてにして、あれこれ計画を立てる。
⑤ よいと思ったことはためらわずにすぐ実行すべきだ。

㋐ 帯に短したすきに長し
㋑ とらぬたぬきの皮算用
㋒ 渡る世間に鬼はなし
㋓ 善は急げ
㋔ 忠言は耳に逆らう

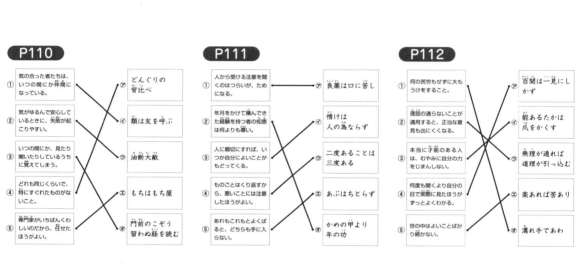

P110

① 気の合った者たちは、いつの間にか仲間になっている。
② 気がゆるんで安心しているときに、失敗が起こりやすい。
③ いつの間にか、見たり聞いたりしているうちに覚えてしまう。
④ どれも同じくらいで、特にすぐれたものがないこと。
⑤ 専門家がいちばんくわしいのだから、任せたほうがよい。

㋐ どんぐりの背比べ
㋑ 類は友を呼ぶ
㋒ 油断大敵
㋓ もちはもち屋
㋔ 門前のこぞう習わぬ経を読む

P111

① 人から受ける注意を聞くのはつらいが、ためになる。
② 年月をかけて積んできた経験を持つ者の知恵は何よりも尊い。
③ 人に親切にすれば、いつか自分によいことがもどってくる。
④ ものごとはくり返すから、悪いことには注意したほうがよい。
⑤ あれもこれもとよくばると、どちらも手に入らない。

㋐ 良薬は口に苦し
㋑ 情けは人の為ならず
㋒ 二度あることは三度ある
㋓ あぶはちとらず
㋔ かめの甲より年の功

P112

① 何の苦労もせずに大もうけをすること。
② 理屈の通らないことが通用すると、正当な意見も出にくくなる。
③ 本当に才能のある人は、むやみに自分の力をじまんしない。
④ 何度も聞くより自分の目で実際に見たほうがずっとよくわかる。
⑤ 世の中はよいことばかり続かない。

㋐ 百聞は一見にしかず
㋑ 能あるたかは爪をかくす
㋒ 無理が通れば道理が引っ込む
㋓ 楽あれば苦あり
㋔ 濡れ手であわ

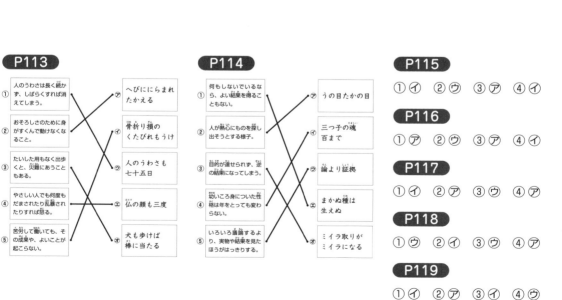

P113

① 人のうわさは長く続かず、しばらくすれば消えてしまう。
② おそろしさのために身がすくんで動けなくなること。
③ たいした用もなく出歩くと、災難にあうこともある。
④ やさしい人でも何度もだまされたり乱暴されたりすれば怒る。
⑤ 苦労して働いても、その成果や、よいことが起こらない。

㋐ へびににらまれたかえる
㋑ 骨折り損のくたびれもうけ
㋒ 人のうわさも七十五日
㋓ 仏の顔も三度
㋔ 犬も歩けば棒に当たる

P114

① 何もしないでいるなら、よい結果を得ることもない。
② 人が熱心にものを探し出そうとする様子。
③ 目的が達せられず、逆の結果になってしまう。
④ 幼いころ身についた性格は年をとっても変わらない。
⑤ いろいろ議論するより、実物や結果を見たほうがはっきりする。

㋐ うの目たかの目
㋑ 三つ子の魂百まで
㋒ 論より証拠
㋓ まかぬ種は生えぬ
㋔ ミイラ取りがミイラになる

P115
① ㋑　② ㋒　③ ㋐　④ ㋑

P116
① ㋐　② ㋒　③ ㋐　④ ㋑

P117
① ㋑　② ㋐　③ ㋒　④ ㋐

P118
① ㋒　② ㋑　③ ㋒　④ ㋐

P119
① ㋑　② ㋐　③ ㋑　④ ㋒

P120
①イ ②ア ③ウ

P121
①ウ ②ア ③ウ

P122
①ア ②ウ ③ウ ④イ

P123
①ア ②ア ③ウ ④イ

P124
①ウ ②ア ③イ ④ウ

P125
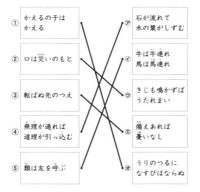

① かえるの子はかえる	㋐ 石が流れて木の葉がしずむ
② 口は災いのもと	㋑ 牛は牛連れ馬は馬連れ
③ 転ばぬ先のつえ	㋒ きじも鳴かずばうたれまい
④ 無理が通れば道理が引っ込む	㋓ 備えあれば憂いなし
⑤ 類は友を呼ぶ	㋔ うりのつるになすびはならぬ

P126
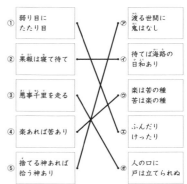

① 弱り目にたたり目	㋐ 渡る世間に鬼はなし
② 果報は寝て待て	㋑ 待てば海路の日和あり
③ 悪事千里を走る	㋒ 楽は苦の種苦は楽の種
④ 楽あれば苦あり	㋓ ふんだりけったり
⑤ 捨てる神あれば拾う神あり	㋔ 人の口に戸は立てられぬ

P127
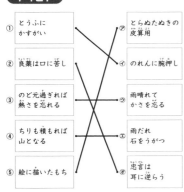

① とうふにかすがい	㋐ とらぬたぬきの皮算用
② 良薬は口に苦し	㋑ のれんに腕押し
③ のど元過ぎれば熱さを忘れる	㋒ 雨晴れてかさを忘る
④ ちりも積もれば山となる	㋓ 雨だれ石をうがつ
⑤ 絵に描いたもち	㋔ 忠言は耳に逆らう

P128
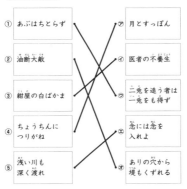

① あぶはちとらず	㋐ 月とすっぽん
② 油断大敵	㋑ 医者の不養生
③ 紺屋の白ばかま	㋒ 二兎を追う者は一兎をも得ず
④ ちょうちんにつりがね	㋓ 念には念を入れよ
⑤ 浅い川も深く渡れ	㋔ ありの穴から堤もくずれる

P129
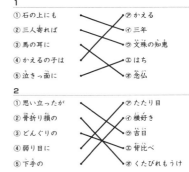

1
① 石の上にも	㋐ かえる
② 三人寄れば	㋑ 三年
③ 馬の耳に	㋒ 文殊の知恵
④ かえるの子は	㋓ はち
⑤ 泣きっ面に	㋔ 念仏

2
① 思い立ったが	㋐ たたり目
② 骨折り損の	㋑ 横好き
③ どんぐりの	㋒ 吉日
④ 弱り目に	㋓ 背比べ
⑤ 下手の	㋔ くたびれもうけ

P130
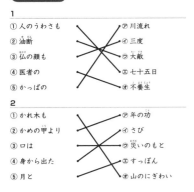

1
① 人のうわさも	㋐ 川流れ
② 油断	㋑ 三度
③ 仏の顔も	㋒ 大敵
④ 医者の	㋓ 七十五日
⑤ かっぱの	㋔ 不養生

2
① かれ木も	㋐ 年の功
② かめの甲より	㋑ さび
③ 口は	㋒ 災いのもと
④ 身から出た	㋓ すっぽん
⑤ 月と	㋔ 山のにぎわい

P131

1
① 転ばぬ先の	㋐ 皮算用
② 七転び	㋑ つえ
③ 縁の下の	㋒ 不信心
④ とらぬたぬきの	㋓ 力持ち
⑤ 坊主の	㋔ 八起き

2
① たなから	㋐ 釘
② ぬかに	㋑ 鶴
③ ぶたに	㋒ ぼたもち
④ はきだめに	㋓ 真珠
⑤ 猫に	㋔ 小判

P132
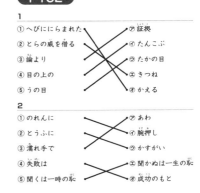

1
① へびににらまれた	㋐ 証拠
② とらの威を借る	㋑ たんこぶ
③ 論より	㋒ たかの目
④ 目の上の	㋓ きつね
⑤ うの目	㋔ かえる

2
① のれんに	㋐ あわ
② とうふに	㋑ 腕押し
③ 濡れ手で	㋒ かすがい
④ 失敗は	㋓ 聞かぬは一生の恥
⑤ 聞くは一時の恥	㋔ 成功のもと

P133

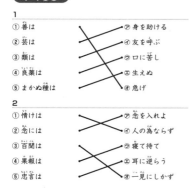

1
① 善は ─── ㋒ 身を助ける
② 芸は ─── ㋑ 友を呼ぶ
③ 類は ─── ㋒ 口に苦し
④ 良薬は ─── ㋓ 生えぬ
⑤ まかぬ種は ─── ㋔ 急げ

2
① 情けは ─── ㋐ 念を入れよ
② 念には ─── ㋑ 人の為ならず
③ 百聞は ─── ㋒ 寝て待て
④ 果報は ─── ㋓ 耳に逆らう
⑤ 忠言は ─── ㋔ 一見にしかず

P134

1
① 旅の恥は ─── ㋐ わらをもつかむ
② 二兎を追う者は ─── ㋑ 旅をさせよ
③ 能あるたかは ─── ㋒ 一兎をも得ず
④ おぼれる者は ─── ㋓ かきすて
⑤ かわいい子には ─── ㋔ 爪をかくす

2
① 弘法にも ─── ㋐ 木から落ちる
② 猿も ─── ㋑ ミイラになる
③ ミイラ取りが ─── ㋒ 鯛をつる
④ 海老で ─── ㋓ たかを生む
⑤ とんびが ─── ㋔ 筆のあやまり

P135

1
① 早起きは ─── ㋐ 福来る
② 鉄は ─── ㋑ 三文の得
③ 笑う門には ─── ㋒ おどり忘れず
④ すずめ百まで ─── ㋓ けったり
⑤ ふんだり ─── ㋔ 熱いうちに打て

2
① 悪事 ─── ㋐ 百まで
② 親の心 ─── ㋑ 千里を走る
③ 門前のこぞう ─── ㋒ わがふり直せ
④ 三つ子の魂 ─── ㋓ 子知らず
⑤ 人のふり見て ─── ㋔ 習わぬ経を読む

P136

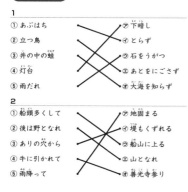

1
① あぶはち ─── ㋐ 下暗し
② 立つ鳥 ─── ㋑ とらず
③ 井の中の蛙 ─── ㋒ 石をうがつ
④ 灯台 ─── ㋓ あとをにごさず
⑤ 雨だれ ─── ㋔ 大海を知らず

2
① 船頭多くして ─── ㋐ 地固まる
② 後は野となれ ─── ㋑ 堤もくずれる
③ ありの穴から ─── ㋒ 船山に上る
④ 牛に引かれて ─── ㋓ 山となれ
⑤ 雨降って ─── ㋔ 善光寺参り

P137

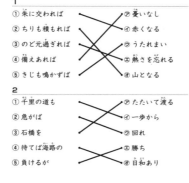

1
① 朱に交われば ─── ㋐ 憂いなし
② ちりも積もれば ─── ㋑ 赤くなる
③ のど元過ぎれば ─── ㋒ うたれまい
④ 備えあれば ─── ㋓ 熱さを忘れる
⑤ きじも鳴かずば ─── ㋔ 山となる

2
① 千里の道も ─── ㋐ たたいて渡る
② 急がば ─── ㋑ 一歩から
③ 石橋を ─── ㋒ 回れ
④ 待てば海路の ─── ㋓ 勝ち
⑤ 負けるが ─── ㋔ 日和あり

P138

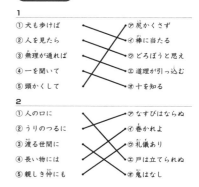

1
① 犬も歩けば ─── ㋐ 尻かくさず
② 人を見たら ─── ㋑ 棒に当たる
③ 無理が通れば ─── ㋒ どろぼうと思え
④ 一を聞いて ─── ㋓ 道理が引っ込む
⑤ 頭かくして ─── ㋔ 十を知る

2
① 人の口に ─── ㋐ なすびはならぬ
② うりのつるに ─── ㋑ 巻かれよ
③ 渡る世間に ─── ㋒ 礼儀あり
④ 長い物には ─── ㋓ 戸は立てられぬ
⑤ 親しき仲にも ─── ㋔ 鬼はなし

P139

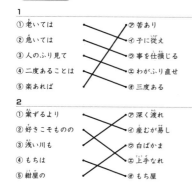

1
① 老いては ─── ㋐ 苦あり
② 急いては ─── ㋑ 子に従え
③ 人のふり見て ─── ㋒ 事を仕損じる
④ 二度あることは ─── ㋓ わがふり直せ
⑤ 楽あれば ─── ㋔ 三度ある

2
① 案ずるより ─── ㋐ 深く渡れ
② 好きこそものの ─── ㋑ 産むが易し
③ 浅い川も ─── ㋒ 白ばかま
④ もちは ─── ㋓ 上手なれ
⑤ 紺屋の ─── ㋔ もち屋

P142

① 犬も歩けば棒に当たる
② 猿も木から落ちる
③ 石の上にも三年
④ 目の上のたんこぶ

P143

① 猫に小判
② どんぐりの背比べ
③ 長い物には巻かれよ
④ 善は急げ

P144

① 石橋をたたいて渡る
② おぼれる者はわらをもつかむ
③ 急がば回れ
④ 転ばぬ先のつえ

P145

① へびににらまれたかえる
② 泣きっ面にはち
③ 類は友を呼ぶ
④ 念には念を入れよ

P161

① 恥(はじ)は
② すっぽん
③ たぬきの
④ 借(か)る
⑤ 生む
⑥ どんぐり
⑦ 物には
⑧ はち
⑨ 追う者は
⑩ 猫(ねこ)に

P162

① かくす
② 鶴(つる)
③ けったり
④ 真珠(しんじゅ)
⑤ もうけ
⑥ かくさず
⑦ 地
⑧ 聞いて
⑨ 耳に
⑩ 力持ち

P163

① 心
② 一時(いっとき)の恥(はじ)
③ 助ける
④ 仲にも
⑤ 失敗
⑥ 十色
⑦ 上手(じょうず)なれ
⑧ 熱(あつ)い
⑨ 暗し
⑩ 二度

P164

① 得(え)
② ふり見て
③ にらま
④ 顔も
⑤ が
⑥ ミイラ
⑦ 引っ込(こ)む
⑧ 上の
⑨ 経(きょう)
⑩ 門(かど)には

P165

① 日和(ひより)あり
② 待て
③ 渡(わた)れ
④ 走る
⑤ 医者
⑥ 坊主(ぼうず)
⑦ 白
⑧ 逆(さか)らう
⑨ 備(そな)え
⑩ たたり目

著者

近野十志夫（こんの・としお）

　1946年東京生まれ。中央大学卒業。児童雑誌編集者を経て、現在児童書の編集企画、学習クイズ、科学記事を執筆。

【著書】

『国語あそびファックス資料集　改訂版全3冊』『算数あそびファックス資料集　改訂版全3冊』『楽しい題材がいっぱい！作文練習プリント』他多数（民衆社）
『おもしろクイズ　いぬ・ねこ事典』『リサイクルなんでも実験事典』（小峰書店）

【共著】

『星座ラララ事典』（学研）『世界ふしぎ博物館』『こどもノンフィクション全10巻』（小峰書店）

【作問】

『あたまがよくなる　たんていクイズ　ようちえん』『おすしドリル～もじ・かず・ちえ　3歳・4歳』『あたまがよくなる　たいけつゲーム　ようちえん・1ねんせい』『あたまがよくなる　なぞなぞようちえん』『5・6・7歳　ひらめき天才パズル』他多数（学研）

STAFF

　ディレクション：CREARE 小堀眞由美
　イラスト：山口牧
　カバーデザイン：CREARE 五十川栄一
　カバーイラスト：山口牧、CREARE 山本信也

問題を読んであげるだけで面白さが2倍になる
ことわざあそび学習資料集

2020年2月5日　初版第1刷発行

著　者　近野十志夫
発行人　沢田健太郎
発行所　株式会社民衆社　〒113-0033　東京都文京区本郷4-5-9 ダイアパレス真砂901
　　　　　　　　電話03（3815）8141　FAX03（3815）8144
　　　　　　　　ホームページアドレス　http://www.minshusha.jp
印　刷　新星社西川印刷株式会社
製　本　株式会社光陽メディア

ISBN978-4-8383-1055-5